改訂版

テスト前に まとめるノート 中1英語

English

Gakken

この本を使うみなさんへ

　勉強以外にも，部活や習い事で忙しい毎日を過ごす中学生のみなさんを，少しでもサポートできたらと考え，この「テスト前にまとめるノート」は構成されています。

　この本の目的は，大きく2つあります。
　1つ目は，みなさんが効率よくテスト勉強ができるようにサポートし，テストの点数をアップさせることです。

　そのために，まずは定期テストに出やすい要点を書き込んだり，教科書に出てきた単語や英文をまとめたりして，中1英語の重要点を定着させていきます。また，テスト対策用の問題を解くことで，得意なところ・苦手なところの確認ができます。ポイントとなる英文の図解や，豊富なイラストも活用してください。

　2つ目は，毎日の授業やテスト前など，日常的にノートを書くことが多いみなさんに，「ノートをわかりやすくまとめられる力」を身につけてもらうことです。

　ノートをまとめる時，次のような悩みを持ったことはありませんか？
　　☑　ノートを書くのが苦手だ
　　☑　自分のノートはなんとなくごちゃごちゃして見える
　　☑　テスト前にまとめノートを作るが，時間がかかって大変
　　☑　最初は気合を入れて書き始めるが，途中で力つきる

　この本は，中1英語の内容を，みなさんにおすすめしたい「きれいでわかりやすいノート」にまとめたものです。この本を自分で作るまとめノートの代わりにしたり，自分のノートをとる時にいかせるポイントをマネしたりしてみてください。

　今，勉強を頑張ることは，現在の成績や進学はもちろん，高校生や大学生，大人になってからの自分を，きっと助けてくれます。みなさんの未来の可能性が広がっていくことを願っています。

学研プラス

もくじ

第1章
I am ~./
You are ~. の文

第2章
This is ~./
He is ~. の文

第3章
I like ~. の文

第4章
canの文

第5章
複数形/
How many ~? /
命令文など

this book
（この本）

すごい
タイプ…

that boy
（あの少年）

ドギマギ

この本の使い方

この本の，具体的な活用方法を紹介します。

単語Check!
教科書に出てきた単語とその意味をまとめられるスペース。授業中に出てきた単語などを整理してもOKです。

マイ単語
覚えておきたい単語を書き込めるスペース。語形変化などに気をつけながら，単語を確認しましょう。

マイ例文
質問に対する自分自身の答えなどを書き込めるスペース。「自分だったらどう言うか」を考えて答えましょう。

教科書check!
教科書に出てきた英文を書き込めるスペース。特に教科書の基本文や本文を書き込んでおくのがおすすめです。

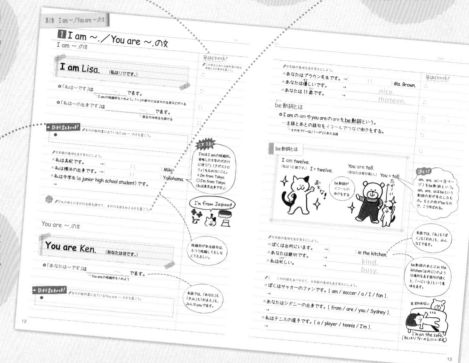

1 定期テスト前にまとめる

まずは ノートを作る

・教科書を見たり，授業を思い出したりしながら，要点を書き込みましょう。
・教科書 Check! や単語 Check! に，教科書に出てくる英文や単語を書き込みましょう。
・問題を解いてみましょう。自分の苦手なところがわかります。

次に ノートを読む

自分で整理した教科書の英文や単語，間違えた問題に注目しながら，定期テストでねらわれるポイントを確認しましょう。

最後に 「確認テスト」を解く

定期テストに出やすい内容をしっかり押さえられます。

Point!!

書き込むときは，オレンジペンやピンクペンを使うと付属の赤フィルターで消えやすいよ。暗記ノートとして，覚えるまでくり返しチェックできるね。

2 予習にもぴったり

授業の前日などに，この本で流れを追っておくのがおすすめです。教科書を全部読むのは大変ですが，このノートをさっと読んでから臨（のぞ）むだけで，授業の理解がぐっと深まります。

3 復習にも使える

学校の授業で習ったことをおさらいしながら，ノートの空欄（くうらん）を埋（う）めていきましょう。先生が強調していたことを思い出したら，色ペンなどで目立つようにしてみてもいいでしょう。

また先生の話で印象に残ったことを，このノートの右側の空いているところに追加で書き込むなどして，自分なりにアレンジすることもおすすめです。

 次のページからは，ノート作りのコツについて紹介していますので，あわせて読んでみましょう。

ノート作りのコツ

コツ① 色を上手に取り入れる

Point!
最初に色の
ルールを決める。

シンプル派→3色くらい

例）基本色→黒
　　重要点→赤
　　強調したい文章→蛍光ペン

カラフル派→4〜5色くらい

例）基本色→黒
　　重要点→オレンジ（赤フィルターで消える色＝暗記用），赤，青
　　強調したい文章→黄色の蛍光ペン
　　囲みや背景などに→その他の蛍光ペン

～．／He is ～の…

a, an／my, your など／形容詞

につくa, an

a book　　an apple
（1冊の）本　　（（1個の）りんご）

「1つ，2つ」と数えられるものが「1つ」のときは，その名詞の前に　　をつける。
ものの名前をあらわすことば　　使う。
次にくる語が母音で始まるときは　　「アイウエオ」に似た音

次の名詞に，aかanをつけよう。
☆ student（生徒）　　　（（1人の）生徒）
☆ orange（オレンジ）　　（（1個の）オレンジ）
☆ umbrella（傘）　　　　（（1本の）傘）

日本語に訳すときは，わざわざ「1つの」と訳す必要はない。

my, your などの「～の」を表すことば

my friend　your bag　our house
（私の友達）　（あなたのかばん）　（私たちの家）

●「私の～」というときは，名詞の前に　　をつける。
●「あなたの～」なら　　　　を，「私たちの～」なら　　　　を
　名詞の前につける。
●「健の」「私の父の」のように具体的な名前などをあげて「～の」と
　いいたいときは，名詞などのあとに　's　をつけて表す。

「彼の」「彼女の」などのいいかたは，92ページ参照。

注意！
myやyourのついた名詞には，aやanは使われない。
×a my book
×my a book
○a book（1冊の本）
○my book（私の本）

日本語の意味をあらわす英語にしよう。
☆ 私のカメラ（camera）→
☆ あなたのお母さん（mother）→
☆ 私たちの教室（classroom）→
☆ 私のRの自転車（bike）→

形容詞

a nice bag　　an interesting book
（すてきなかばん）　（おもしろい本）

(1) 名詞の前につく形容詞
●名詞に形容詞をつけるとき，形容詞は名詞のすぐ前につける。
　名詞に情報をつけたえることば

どんなかばん？
a bag
情報をプラス
a red bag（赤い かばん）
a big bag（大きな かばん）
a new bag（新しい かばん）

注意！
old（古い）やinteresting（おもしろい）のように，母音で始まる形容詞が名詞の前にあるときは，aではなく，anをつける。
×a old camera
○an old camera
（古いカメラ）

形容詞は名詞のすぐ前につけるので，aやmyなどは形容詞の前にくる。

[　]内の情報をつけたえて，次の語句を書きかえよう。
☆ my computer [new]（私のコンピューター [新しい]）
→
☆ a cat [small]（（1匹の）ねこ [小さい]）
→

(2) be動詞のあとに続く形容詞

I'm sleepy.（私は眠い。）

●形容詞は，be動詞のあとにも使い，主語を説明する。

あとに形容詞が続いている！

日本語の意味をあらわす英文にしよう。
☆ 私はうれしい。
☆ あなたは親切です。

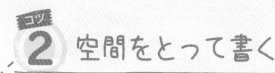

コツ 2 空間をとって書く

ノートの右から4〜5cmのところに区切り線を引きます。教科書の内容は左側（広いほう）に，その他の役立つ情報は右側（狭いほう）に，情報を分けるとまとめやすくなります。

・イラスト，間違えやすいポイント，その他の補足情報は右へ。
・授業中の先生の話で印象に残ったことや英単語など，自分で書きとめておきたい情報も右へどんどん書き込みましょう。

また，文章はなるべく短めに，わかりやすく書きましょう。途中の接続詞などもできるだけ省いて，「→」でつないでいくなどすると，すっきりまとまり，また流れも頭に入っていきます。

行と行の間を，積極的に空けておくのもポイントです。後で自分が読み返す時にとても見やすく，わかりやすく感じられます。追加で書き込みたい情報があった時にも，ごちゃごちゃせずに，いつでも付け足せます。

コツ 3 イメージを活用する

自分の頭の中でえがいたイメージを，簡単に図やイラストにしてみると，記憶に残ります。この本でも，簡単に描けて，頭に残るイラストを多数入れています。ごく簡単なものでOK。あまり時間をかけると，絵を描くだけで終わってしまうので注意。

また，教科書の本文などは，そのままコピーして貼るほうが効率的。ノートに貼って，単語の意味や日本語訳などを追加で書き足すと，わかりやすい，自分だけのオリジナル参考書になっていきます。

その他のコツ

❶レイアウトを整える
情報のまとまりを意識して，行の始めをずらして書いたり，行をあけたりすると，見やすくなります。また，見出しは1回り大きめに，もしくは色をつけると，メリハリがついてきれいに見えます。

❷インデックスラベルをつける
ノートはなるべく2ページ単位でまとめましょう。インデックスラベルをつけておくと，後で見直ししやすいです。教科書の単元や項目とそろえておくと，テスト勉強がさらに効率よくできます。

❸かわいい表紙で，持っていてうれしいノートに！
表紙の文字をカラフルにしたり，絵を描いたり，シールを貼ったり，と，表紙をかわいくアレンジするのも楽しいです。

アルファベット・英文の書き方

英語の基本となる，アルファベットの順番と形，そして英文の書き方のきまりを確認しておこう！

① アルファベットの順番と形

＊アルファベットの正しい字形は 1 つに決まっているわけではありません。教科書等によって異なることがあります。

アルファベットの大文字と小文字

dとまちがえないように

bとまちがえないように

Aa　Bb　Cc　Dd　Ee

いちばん上までとどくように

点を忘れずに

Ff　Gg　Hh　Ii　Jj　Kk

いちばん下までとどくように

Ll　Mm　Nn　Oo　Pp

qとまちがえないように

Qq　Rr　Ss　Tt　Uu

pとまちがえないように

Vv　Ww　Xx　Yy　Zz

いちばん下までとどくように

次の❶〜❻は大文字を小文字に，❼〜❾は小文字を大文字に書きかえよう。

❶ A →

❷ D →

❸ G →

❹ H →

❺ J →

❻ R →

❼ e →

❽ m →

❾ q →

❷ 英文の書き方のきまり

文の最初は大文字にする　　人名や地名などの固有名詞の最初は大文字にする

Are you Ken?　　　　　　　　（あなたは健ですか。）

単語と単語の間にスペース　　疑問文（たずねる文）の終わりにはクエスチョン・マークをつける

「私は」のI はいつも大文字にする

Yes, I am.　　　　　　　　　（はい，そうです。）

Yes や No のあとにはコンマをつける

アポストロフィ（文字が省略されていることを表す）

No, I'm not.　　　　　　　　（いいえ，ちがいます。）

コンマ　　　　　　文の終わりにはピリオドをつける

✎次の文を正しい英文に書き直そう。

❶

im from tokyo.　　　　　　　（私は東京の出身です。）

↓

❷

are you lisa.　　　　　　　　（あなたはリサですか。）

↓

❸

yes i am　　　　　　　　　　（はい，そうです。）

↓

No.

1 I am ～. ／ You are ～. の文

I am ～. の文

✎この単元にあたる教科書の新出
単語とその意味を書こう。

□

□

□

□

I am Lisa. （私はリサです。）

◉「私は～です」は _____ ～. _____ で表す。
┗ I amの短縮形を入れよう。「～」の部分には自分の名前などが入る

◉「私は～の出身です」は _____ ～. _____ で表す。
┗ 国名や地域名を続ける

教科書check! ✎自分の教科書に出ているI am ～.の文を書こう。
●

✎日本語の意味を表す英文にしよう。

★ 私は美紀です。 →（ ）（ ） Miki.

★ 私は横浜の出身です。 →（ ）（ ） Yokohama.

★ 私は中学生 (a junior high school student) です。
→

マイ例文 ✎I'mのあとに自分の名前を続けて，自分の名前を伝える文を書こう。

You are ～. の文

You are Ken. （あなたは健です。）

◉「あなたは～です」は _____ ～. _____ で表す。
┗ You areの短縮形を入れよう

教科書check! ✎自分の教科書に出ているYou are ～.の文を書こう。
●

ミス注意!

I'mはI amの短縮形。
省略した文字の代わり
に使う「'」（アポストロ
フィ）を忘れないこと。
× Im from Tokyo.
○ I'm from Tokyo.
（私は東京出身です。）

I'm from Japan!

短縮形がある語句は，
ふつう短縮してもしな
くても正しい。

英語では，「あなた」も
「きみ」も「おまえ」も，
みんなyouで表す。

✏️日本語の意味を表す英文にしよう。

★あなたはブラウン先生です。 →(　　　　　)(　　　　　) Ms. Brown.

★あなたは優しいです。　　　→　　　　　nice.

★あなたは 13 歳です。　　　→　　　　　thirteen.

be 動詞とは
ビー

◉ I am の am や you are の are を be 動詞という。

　…主語とあとの語句をイコールでつなぐ働きをする。
　　　文の中で「〜は」「〜が」にあたる語

単語Check!

□　□　□　□　□

---

be 動詞とは

I am twelve.
(私は 12 歳です。) I = twelve.

You are tall.
(あなたは背が高い。) You = tall.
たかーい

be 動詞が
イコールの
働きをする

おとな！

詳しく！

am, are, is(→ 18 ペー
ジ)を be 動詞という。
am, are, is は be という
動詞の形が変化したも
の。もとの形が be なの
で, こう呼ばれる。

英語では,「私」も「ぼ
く」も「おれ」も, みん
な I で表す。

✏️日本語の意味を表す英文にしよう。

★ぼくは台所にいます。　　　→(　　　　　) in the kitchen.

★あなたは親切です。　　　　→　　　　　kind.

★私は忙しい。　　　　　　　→　　　　　busy.
いそが

be 動詞のあとに in the
kitchen(台所に)のよう
な場所を表す語句が続く
と,「〜にいる」という意
味を表す。

✏️[　　　] 内の語を並べかえて, 日本語の意味を表す英文にしよう。

★ぼくはサッカーのファンです。[am / soccer / a / I / fan].

→

★あなたはシドニーの出身です。[from / are / you / Sydney].

→

★私はテニスの選手です。[a / player / tennis / I'm].

→

す, すわれない
ZZZ

I'm on the sofa.
(私はソファーの上にいます。)

2 I am not ～.の文／Are you ～?の文

I am ～.／You are ～.の否定文

> # I am **not** Aya.　　　（私は彩ではあり**ません**。）
> # You are **not** Ken.　　（あなたは健ではあり**ません**。）

◎「～ではありません」などと，意味を打ち消す文を否定文という。

◎否定文はamやareのあとに　　　　　を入れる。

◎「私は～ではありません」は　　　　　　～.　　で表す。
　　　　　　　　└ I am notの短縮形はこれで表す

◎「あなたは～ではありません」は　　　　　　　　～.　　　で表す。
　　　　　　　　└ You aren'tという形もある

> **ミス注意!**
> am notの短縮形は
> ないので，×I *amn't*
> としない！　短縮す
> るときはI'm notの
> 形にする。

教科書check!　✎自分の教科書に出ているI'm not ～.の文を書こう。
　●

✎否定文に書きかえよう。

★ I'm sleepy.　（私は眠いです。）

　→

★ I'm from Kyoto.　（私は京都の出身です。）

　→

★ You're a tennis fan.　（あなたはテニスのファンです。）

　→

> be動詞の否定文は，
> be動詞のあとにnot
> を入れるだけ。

I'm not sleepy.

You are ～.の疑問文と答え方

> # Are you Lisa?　　（あなたはリサですか。）
> # — Yes, I am.／No, I am not.
> （はい，そうです。／いいえ，ちがいます。）

14

◎「～ですか」とたずねる文を疑問文という。

◎疑問文はbe動詞で文を始める。

◎「あなたは～ですか」は　　　　　　　　　　～？　　　で表す。

◎答え方…「はい」　→　＿＿＿＿＿＿＿＿＿＿　で表す。

　　　　「いいえ」→　＿＿＿＿＿＿＿＿＿＿　で表す。

I amの短縮形を使おう

ふつうの文	You are from China.	（あなたは中国の出身です。）
疑問文	▢ ▢ from China?	（あなたは中国の出身ですか。）

be動詞で文を始める　　　疑問文の終わりはクエスチョン・マークに

教科書check!　✎自分の教科書に出ている Are you ～?の文とその答えの文を書こう。

●

ミス注意!

答えの文では，Yes，Noのあとにコンマを忘れないこと。
×Yes I am.
×No I'm not.

✎日本語の意味を表す英文にしよう。

★あなたはスミス先生ですか。―はい，そうです。

　→（　　　　　）（　　　　　　　） Ms. Smith?

　―（　　　　　），I（　　　　　）.

★あなたは疲れ(つか)ていますか。―いいえ，疲れていません。

　→（　　　　　）（　　　　　　　） tired?

　―（　　　　），（　　　　　　　） not.

★あなたはC組ですか。―はい，そうです。

　→　　　　　　　in Class C?

　―

★あなたは14歳(さい)ですか。―いいえ，ちがいます。

　→　　　　　　　fourteen?

　―

ミス注意!

疑問文の終わりはクエスチョン・マーク（?）。ピリオド(.)にしないこと。

「あなたは？」と聞かれているので，「私は」と答える。

あなたは？

私は…

No.

3 a, an／my, your など／形容詞

名詞につく a, an

単語Check!

☐

a book　　　　**an** apple

(〈1冊の〉本)　　　　　(〈1個の〉りんご)

☐

☐

◎「1つ，2つ…」と数えられるものが「1つ」のときは，その名詞の前

に　　　　をつける。　　　　ものの名前を表すことば

◎次にくる語が母音で始まるときは　　　　を使う。
「アイウエオ」に似た音

☐

☐

✎次の名詞に，a か an をつけよう。

★ **student**(生徒)　→　　　　　　　　　(〈1人の〉生徒)

★ **orange**(オレンジ)　→　　　　　　　(〈1個の〉オレンジ)

★ **umbrella**(傘)　→　　　　　　　　　(〈1本の〉傘)

> 日本語に訳すときは，わざわざ「1つの」と訳す必要はない。

my, your などの「～の」を表すことば

my friend **your** bag **our** house

(私の友達)　　　(あなたのかばん)　　(私たちの家)

◎「私の～」というときは，名詞の前に　　　　をつける。

◎「あなたの～」なら　　　　を，「私たちの～」なら　　　　を
名詞の前につける。

◎「健の」「私の父の」のように具体的な名前などをあげて「～の」と
いいたいときは，名前などのあとに **'s** をつけて表す。

> 「彼の」，「彼女の」などの言い方は，72ページ参照。

✎日本語の意味を表す英語にしよう。

★ 私のカメラ(camera)　　→

★ あなたのお母さん(mother)　→

★ 私たちの教室(classroom)　→

★ 私の兄の自転車(bike)　　→

> ミス注意!
>
> my や your のついた名詞には，a や an は使わない。
> ×a my book
> ×my a book
> ○a book(〈1冊の〉本)
> ○my book(私の本)

形容詞

a nice bag　　an interesting book

（すてきなかばん）　　　（おもしろい本）

(1) 名詞の前につく形容詞

◉ 名詞に形容詞をつけるとき，形容詞は名詞のすぐ前につける。

↳ 名詞に情報をつけ加えることば

✏ [　　] 内の情報をつけ加えて，次の語句を書きかえよう。

★ my computer [new]　（私のコンピューター [新しい]）

→

★ a cat [small]　（〈1匹の〉ねこ [小さい]）

→

ミス注意!

old（古い）や interesting（おもしろい）のように，母音で始まる形容詞が名詞の前にあるときは，a ではなく，an をつける。
×a old camera
○an old camera
（古いカメラ）

形容詞は名詞のすぐ前につけるので，a や my などは形容詞の前にくる。

(2) be動詞のあとに続く形容詞

I'm sleepy.　（私は眠い。）

◉ 形容詞は，be動詞のあとにも使い，主語を説明する。

✏日本語の意味を表す英文にしよう。

★ 私はうれしい。　　　→

★ あなたは親切です。　→

あとに 形容詞 が
続いている！

ちら

4 This is 〜.の文／This is not 〜.の文(否定文)

This is 〜.／That is 〜.の文

This is my book. （これは私の本です。）

◎近くのものを指して,「これは〜です」は _____ 〜. で表す。

◎離れたところにあるものを指して,「あれは〜です」は

　　　　　　　 〜. で表す。

└ That is の短縮形を入れよう

●近くのものを指す。　　　　●離れたところにあるものを指す。

this

that

This is my bike.　　　　That's Tom's bike.

（これは私の自転車です。）　　（あれはトムの自転車です。）

> isは, amやareと同じbe動詞。

> 詳しく!
> This is 〜.は人を紹介する文でも使われる。

> Ken, this is Judy.
> （健, こちらはジュディーです。）

教科書check! ✏️自分の教科書に出ているThis is 〜.／That is 〜.の文を書こう。

● _____

● _____

◎thisやthatは, 名詞の前において, this book（この本）やthat boy（あの少年）のような使い方もする。

this book
（この本）

すごいタイプ…

that boy
（あの少年）

ドギマギ

✏日本語の意味を表す英文にしよう。　　　　　　　　　　　　　　　単語Check!

★ これは私の犬です。　　　　→（　　　　　）（　　　　　　　） my dog.　□

★ あれはあなたのかばんです。→（　　　　　　　） your bag.

★ 太郎，こちらはアンです。　　　　　　　　　　　　　　　　　　□

　→ Taro,（　　　　　）（　　　　　） Ann.

★ あちらの男の人はブラウン先生です。　　　　　　　　　　　　　□

　→（　　　　　　） man（　　　　　　） Mr. Brown.

　　　　　　　　　　　　　　　　　　　　　　　　　　　　　　　□

✏[　　　] 内の語を並べかえて，日本語の意味を表す英文にしよう。

★ これは私のお気に入りの本です。[book / favorite / this / my / is].　□

　→

★ あの少女はトムの妹です。[sister / that / Tom's / is / girl].　　　□

　→

This is 〜.／That is 〜.の否定文

ミス注意！

this や that はあとに名詞がきて，「この〜」「あの〜」という意味でも使われる。

This is **not** my bag.

（これは私のかばんではあり**ません**。）

is not の短縮形を使おう

◎「これは〜ではありません」は　　　　　　　〜. 　で表す。

◎「あれは〜ではありません」は　　　　　　　〜. 　で表す。

That is の短縮形を使おう

That isn't 〜. でも表せる。

✏日本語の意味を表す英文にしよう。

★ これは私のノートではありません。

　→ This（　　　　　）（　　　　　　） my notebook.

★ あれは私の家ではありません。

　→ That's（　　　　　） my house.

★ これはカップではありません。

　→

★ あれは私の自転車ではありません。

　→

え!! 短縮形 that's はあるのに this's はないの？

19

5 Is this 〜?の文(疑問文) ／ What's this?の文(疑問詞 What)

This is 〜. ／ That is 〜.の疑問文と答え方

✎この単元にあたる教科書の新出
単語とその意味を書こう。

☐

☐

☐

Is this your bag?

（これはあなたのかばんですか。）

—Yes, it is. ／ No, it is not.

（はい，そうです。／いいえ，ちがいます。）

◉「これは〜ですか」は _____ 〜? で表す。

◉「あれは〜ですか」は _____ 〜? で表す。

◉答え方…「はい」 → _____

　　　　　「いいえ」 → _____

it isの短縮形を使おう

詳しく！
このitは前に出た
thisやthatを受けて，
「それ」という意味。

No, it isn't.でも
表せる。

| ふつうの文 | This is your bike. | （これはあなたの自転車です。） |
| 疑問文 | ☐ ☐ your bike? | （これはあなたの自転車ですか。） |

be動詞で文を始める　　　　　　　　文の終わりはクエスチョン・マーク

教科書check! ✎自分の教科書に出ている Is this 〜?の文とその答えの文を書こう。

●

✎疑問文に書きかえよう。

★ This is your cap. （これはあなたのぼうしです。）

→(　　　)(　　　　　　) your cap?

★ That's Ken's notebook. （あれは健のノートです。）

→(　　　)(　　　　　　) Ken's notebook?

★ This is an egg. （これは卵です。）

→

疑問文は
be 動詞から
始めるよ

be 動詞

20

✏️疑問文に，[　　]内の語を使って答えよう。

★ **Is this Ann's umbrella?**　（これはアンの傘ですか。）[yes]

　→

★ **Is that a school?**　（あれは学校ですか。）[no]

　→

ミス注意!

答えの文ではitを使う!
×Yes, *this* is.や
×No, *this* isn't.のようには答えない。

Whatで始まるbe動詞の疑問文

単語Check!

□

What is this?　（これは**何**ですか。）
―It is a cup.　（それはカップです。）

□

□

◉ _____ は「何」という意味で，いつも文の最初にくる。

□

◉「これは何ですか。」は　　　this?　　で表す。
　└ What isの短縮形を入れよう

◉「あれは何ですか。」は　　　that?　　で表す。

◉答え方…ふつう　　～.　（それは～です）の形で，具体的に何かを答える。
　└ It isの短縮形を入れよう

ふつう疑問文は文の終わりを上げ調子で読むけど，Whatの疑問文は下げ調子で読む。

疑問文		Is　this a school? ↗（これは学校ですか。）

何? ← a school がわからない

| What ～? | | | this? ↘ | （これは何ですか。） |

✏️日本語の意味を表す英文にしよう。

★これは何ですか。―神社です。

　→(　　　　　　) this? ― (　　　　　　) a shrine.

★あれは何ですか。―鳥です。

　→What's (　　　　　　)? ― (　　　　　　) a bird.

★これは何ですか。―ロボット (robot) です。

　→

　―

「何か」を具体的に答えるから，YesやNoは使わない!

今はいらない

21

6 He is 〜.の文／He is not 〜.の文（否定文）

He is 〜.／She is 〜.の文

This is Tom.　**He is** my new friend.

（こちらはトムです。**彼は**私の新しい友達です。）

This is Ms. Oka.　**She is** my teacher.

（こちらは岡先生です。**彼女は**私の先生です。）

代名詞heとshe

✎空所に適する英語を書こう。

代名詞を使うことで，
同じ名詞のくり返しを
さけることができる。

1人の男性をさすとき　　　1人の女性をさすとき

→代名詞は [　　　]（彼）を使う。　→代名詞は [　　　]（彼女）を使う。

◉「彼」や「彼女」のように，名詞の代わりに使われる語を代名詞という。

◉「彼は〜です」は　　　　　〜.　　で表す。
　　　　　　　　　He isの短縮形を入れよう

isはheやsheだけで
なく，Tom（トム）や
your mother（あなた
のお母さん）のように，
1人の人が主語のとき
に使う。

◉「彼女は〜です」は　　　　　〜.　　で表す。
　　　　　　　　　She isの短縮形を入れよう

教科書check!

✎自分の教科書に出ているHe is 〜.／She is 〜.の文を書こう。

●

●

I, you以外の1つの
ものや1人の人が主語
のときはみ〜んなis！

✎日本語の意味を表す英文にしよう。

★彼は私の父です。　　　　　→（　　　　　　　）my father.

★彼女はテニスの選手です。　→（　　　　　　　）a tennis player.

★彼は新入生です。　　　　　→

is大活躍！

✐[　　　]内の語句を並べかえて，日本語の意味を表す英文にしよう。　　　　　　　　単語Check!

★ 彼は私たちの数学の先生です。[math / our / is / teacher / he].　　　□

　→

★ 彼女は美術部に所属しています。[is / the art club / she / in].　　　□

　→

　　　　　　　　　　　　　　　　　　　　　　　　　　　　　　　　　　　　　□

He is ～.／She is ～.の否定文

　　　　　　　　　　　　　　　　　　　　　　　　　　　　　　　　　　　　　□

He is **not** from Canada.
（彼はカナダの出身では**ありません**。）　　　　　　　　　　　　　　　　　　□

He isの短縮形を使おう　　　　　　　　　He isn't ～.でも表せる。

○「彼は～ではありません」は　　　　　　　　　～.　　　で表す。

○「彼女は～ではありません」は　　　　　　　　　　～.　　で表す。

She isの短縮形を使おう　　　　　　　　　　She isn't ～.でも表せる。

✐否定文に書きかえよう。

★ He is my brother.　　（彼は私の兄です。）

　→He (　　　　　　) (　　　　　　　　) my brother.

★ She is Ms. Hill.　　（彼女はヒルさんです。）

　→(　　　　　　) (　　　　　　　　) Ms. Hill.

順番が大事！

✐日本語の意味を表す英文にしよう。

★ 彼は教室にいません。

　→He (　　　　　　) (　　　　　　　　) in the classroom.

★ 彼女は中学生ではありません。

　→She (　　　　　　) (　　　　　　　　) a junior high school student.

★ 彼は上手なサッカー選手ではありません。

　→

★ 彼女は東京の出身ではありません。

　→

★ 彼女は野球のファンではありません。

　→

★ be動詞の否定文

主語	be動詞	not	
I	am		
You	are		
This			
That	is	not	～.
He			
She			

→be動詞のあとにnot。

23

7 Is he 〜?の文（疑問文）

He is 〜.／She is 〜.の疑問文と答え方

Is he a baseball fan?

（かれ彼は野球のファンですか。）

— Yes, he is.／No, he is not.

（はい，そうです。／いいえ，ちがいます。）

● 「彼は〜ですか」は　　　　　　〜？　　で表す。

● 答え方…「はい」 → Yes,

　　　　「いいえ」 → No,　　　　　　he isの短縮形を使おう

> No, he isn't. でも表せる。

● 「かのじょ彼女は〜ですか」は　　　　〜？　　で表す。

● 答え方…「はい」 → Yes,

　　　　「いいえ」 → No,

> No, she isn't. でも表せる。

she isの短縮形を使おう

| ふつうの文 | She is from Osaka. | （彼女は大阪の出身です。） |
| 疑問文 | □ □ from Osaka? | （彼女は大阪の出身ですか。） |

be動詞で文を始める　　　　　文の終わりはクエスチョン・マーク

ミス注意!

Yesで答えるときは，短縮形
を使わない！
× Yes, he's.　○Yes, he is.
× Yes, she's.　○Yes, she is.

✐疑問文に書きかえよう。

★ He is busy. （彼はいそが忙しい。）

→（　　　　　）（　　　　　　　　） busy?

★ She is a teacher. （彼女は教師です。）

→（　　　　　）（　　　　　　　　） a teacher?

✐疑問文に，[　　]内の語を使って答えよう。

★ Is your father a doctor? （あなたのお父さんは医師ですか。）[yes]

→

★ Is Ms. Hill from Canada? （ヒルさんはカナダの出身ですか。）[no]

→

✎日本語の意味を表す英文にしよう。

★彼はあなたの弟さんですか。—はい，そうです。

→(　　　'　　) (　　　　　　　) your brother?

□

— Yes, (　　　　　　) (　　　　　　).

□

★クラーク先生はアメリカ出身ですか。

　—いいえ，ちがいます。

□

→(　　　　　　　) Ms. Clark from America?

— No, (　　　　　) (　　　　　　).

□

★彼女はあなたの新しい友達ですか。—はい，そうです。

→

□

—

★あなたのお父さんはサッカーのファンですか。

　—いいえ，ちがいます。

→

—

★ be動詞の疑問文

be動詞	主語	
Are	you	
Is	this that he she	～?

→be動詞で文を始める！

be動詞のまとめ

✎空所にbe動詞を入れて，表を完成させよう。

主語	be動詞		短縮形
I	＝＝＝		I'm ～.
You	＝＝		You're ～.
He		～.	He's ～.
She			She's ～.
This	＝＝		—
That			That's ～.

疑問文では，答えの文の
主語を代名詞にかえるこ
とを忘れないように！

代
名
詞

25

確認テスト①

　/100

●目標時間：３０分　●１００点満点　●答えは別冊 22 ページ

1 次の英文の[　]内から適する語を選び，記号を○で囲みなさい。〈3点×4〉

重要(1) This [ア am　イ are　ウ is] my school.

(2) [ア Am　イ Are　ウ Is] Ms. White from Canada?

(3) This is my sister. [ア This　イ She's　ウ It] a member of the English club.

(4)*A:* What's that?

　　B: [ア It　イ This　ウ He] is a plane.

2 次の日本文に合うように，〔　〕に適する語を入れなさい。〈4点×4〉

(1) 健，こちらはトムです。

　　Ken, 〔　　　　　　〕〔　　　　　　　　〕 Tom.

重要(2) 私は京都の出身です。

　　〔　　　　　　　〕〔　　　　　　　　　〕 Kyoto.

重要(3) あなたはサッカーの選手ですか。― いいえ，ちがいます。

　　〔　　　　　　　〕〔　　　　　　　　　〕 a soccer player? ― No, 〔　　　　　　　〕 not.

(4) 久美，これは何ですか。― それは鉛筆です。

　　Kumi, 〔　　　　　　〕〔　　　　　　　　〕? ― 〔　　　　　　　〕 a pencil.

3 次の英文の〔　〕に a か an を入れなさい。不要なら×を入れなさい。〈4点×6〉

(1) This is 〔　　　　　〕 notebook.

(2) That's not 〔　　　　　〕 umbrella.

(3) Is this 〔　　　　　〕 your bike?

(4) Mr. Brown is 〔　　　　　〕 kind.

(5) Ken, this is 〔　　　　　〕 Mike.

(6) Becky is 〔　　　　　〕 new student.

4 次の[　]内の語を並べかえて，日本語の意味を表す英文を作りなさい。 〈4点×4〉

重要 (1) 彼女はあなたの新しい友達ですか。　[new / friend / she / your / is]?

〔　　　　　　　　　　　　　　　　　　　　　　　　　　　　　　　　　　〕

(2) 私は野球のファンではありません。　[a / not / fan / I'm / baseball].

〔　　　　　　　　　　　　　　　　　　　　　　　　　　　　　　　　　　〕

(3) あれはオレンジですか。　[an / that / orange / is]?

〔　　　　　　　　　　　　　　　　　　　　　　　　　　　　　　　　　　〕

(4) 彼は教室にいません。　[classroom / he's / in / not / the].

〔　　　　　　　　　　　　　　　　　　　　　　　　　　　　　　　　　　〕

5 次の英文を[　]内の指示にしたがって書きかえなさい。 〈4点×3〉

(1) She's our English teacher.　[否定文に変えて]

〔　　　　　　　　　　　　　　　　　　　　　　　　　　　　　　　　　　〕

重要 (2) That's a book.　[下線部が「古い本」という意味になるように1語を入れて]

〔　　　　　　　　　　　　　　　　　　　　　　　　　　　　　　　　　　〕

(3) Your father is a doctor.　[疑問文に変えて]

〔　　　　　　　　　　　　　　　　　　　　　　　　　　　　　　　　　　〕

6 右の絵を見て，次の①〜⑤の〔　〕に適する語を書き入れ，会話文を完成させなさい。
ただし，〔　〕には2語以上入れないこと。 〈4点×5〉

Emi:　Hi, Lisa.　What's this?

Lisa:　Oh, Emi.　①〔　　　　　　　　〕 a picture
　　　　of my *family.　This ②〔　　　　　　　〕
　　　　my brother, Bill.　③〔　　　　　　　〕 a
　　　　high school student.

Emi:　*I see.　Lisa, ④〔　　　　　　　〕 this
　　　　your mother?

Lisa:　Yes.　⑤〔　　　　　　　〕 a music
　　　　teacher.

＊family：家族　I see.：そうですか。

27

No.

8 一般動詞とは／I like 〜.の文

一般動詞の文

I like English.

（私は英語が**好き**です。）

(1) 一般動詞

◎一般動詞とは, walk（歩く）, speak（話す）, like（好む）など
be動詞（am, are, is）以外のすべての動詞のこと。

◎主語のすぐあとに動詞がくる。動詞のあとには　目的語　が続
くことが多い。

「〜を」「〜に」を表す語

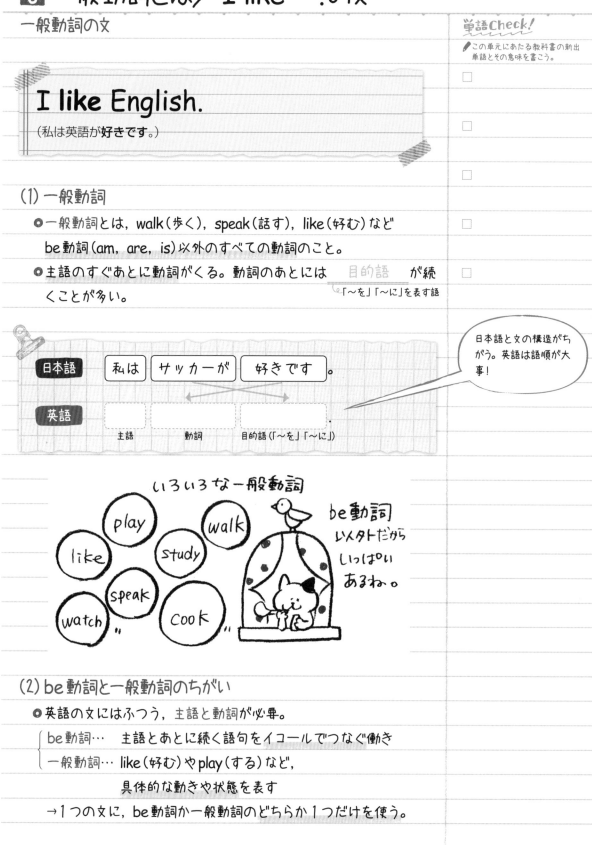

日本語と文の構造がち
がう。英語は語順が大
事！

| 日本語 | 私は | サッカーが | 好きです | 。 |

| 英語 | | | | . |

主語　　　　　動詞　　　目的語（「〜を」「〜に」）

いろいろな一般動詞

play　walk
like　study
speak　cook
watch

be動詞
いくスタトだから
いっぱい
あるね。

(2) be動詞と一般動詞のちがい

◎英語の文にはふつう, 主語と動詞が必要。

be動詞… 主語とあとに続く語句をイコールでつなぐ働き

一般動詞… like（好む）やplay（する）など,

具体的な動きや状態を表す

→1つの文に, be動詞か一般動詞のどちらか1つだけを使う。

be動詞と一般動詞

✏空所に適する英語を書こう。

be動詞 〜です
I [　　　] Lisa.
I＝Lisa…イコールの関係

一般動詞 〜が好き
I [　　　] rock music.
I≠rock music…イコールの関係ではない

わたし リサ！

ロック 大好き！
NO ROCK　NO Life

ミス注意！
1つの文には動詞を1つだけ使うので,be動詞と一般動詞は,そのままいっしょに使うことはない。

「私はロックが好きです。」
× I *am like* rock music.
○ I like rock music.

単語Check！
□
□
□
□

✏日本語の意味を表す英文にしよう。

★ 私はテニスの選手です。　→I（　　　　　　　）a tennis player.

★ 私はテニスが好きです。　→I（　　　　　　　）tennis.

(3) I like 〜.や I play 〜.の文

◉「私は〜が好きです」は　　　　　〜．　で表す。

◉「私は（楽器を）演奏します」「私は（スポーツを）します」は
　　　　　〜．　で表す。

主語がYouのときも,Iのときと同様にYou like 〜.やYou play 〜.で表す。

教科書check！　✏自分の教科書に出ている一般動詞の文を書こう。
●

✏日本語の意味を表す英文にしよう。

★ 私は体育館でバスケットボールをします。
　→I（　　　　　　）basketball in the gym.

★ 私は野球（baseball）が大好きです。
　→　　　　　　　　　　　　very much.

★ あなたは毎日ギター（guitar）をひきます。
　→　　　　　　　　　　　　every day.

「（楽器を）演奏する」というとき, 楽器名の前にはふつうtheをつける。

9 いろいろな一般動詞／I don't like 〜.の文（否定文）

いろいろな一般動詞

I have ten T-shirts.

（私はTシャツを10枚**持っています**。）

- ◎「私は〜を持っています」は ＿＿＿＿＿ 〜 . で表す。
- ◎ have は他に「（きょうだいなどが）いる」，「（ペットなどを）飼う」，「食べる，飲む」，「経験する」などの意味もある。

✐空所に日本語に合う動詞を入れよう。

その他の一般動詞		
（行く）	（歩く）	（来る）
（知っている）	（使う）	（練習する）
（住んでいる）	（話す）	（書く）
（運転する）	（勉強する）	（見る）
（ほしい）	（必要である）	（食べる）
マイ単語	マイ単語	マイ単語

✐日本語の意味を表す英文にしよう。

★ 私は毎日テレビを見ます。　→I（　　　　　　　） TV every day.

★ 私はフランス語を話します。　→I（　　　　　　　） French.

★ あなたは埼玉に住んでいます。

　→You（　　　　　　） in Saitama.

★ 私は毎週末，数学を勉強します。

　→I（　　　　　　） math every weekend.

★ 私はよくギターを練習します。

　→I often（　　　　　　） the guitar.

★ あなたは大きな犬を飼っています。

　→

★ 私は，朝食にごはんを食べます。

　→

一般動詞の否定文

□
□
□
□

I do not like soccer.

（私はサッカーが好きではありません。）

◉「〜しません」という一般動詞の否定文は，動詞の前に

　　　　　　　　　　　　　　　do not の短縮形を入れよう

を入れる。

| ふつうの文 | I | | have a computer. | （私はコンピューターを持っています。） |
| 否定文 | I | | have a computer. | （私はコンピューターを持っていません。） |

動詞の前に入れる ↓

> You を主語にして，「あなたは〜しません」というときも，同じ"語順で"You don't 〜.となる。

教科書check!
✎自分の教科書に出ている一般動詞の否定文を書こう。

●

> ミス注意！
> be動詞の否定文は，be動詞のあとにnotを入れるだけだけど，一般動詞の場合は，don'tを使う。

✎日本語の意味を表す英文にしよう。

★私はコンピューターを使いません。

→I (　　　　　) (　　　　　) (　　　　　) a computer.

★あなたは自動車を運転しません。

→You (　　　　　) (　　　　　) a car.

✎[　　　] 内の語を並べかえて，日本語の意味を表す英文にしよう。

★私は歩いて学校へ行きません。

[I / walk / don't / school / to].

→

★あなたは中国語を話しません。

[don't / Chinese / speak / you].

→

ドーン

don't

一般動詞

ビーんと

don't!

10 Do you like ～？の文（疑問文）

一般動詞の疑問文と答え方

Do you like baseball?
（あなたは野球が好きですか。）

―Yes, I **do**. ／ No, I **do not**.
（はい，好きです。／いいえ，好きではありません。）

◎ 一般動詞の疑問文は，＿＿＿＿＿＿ で文を始める。

◎「あなたは～が好きですか」とたずねるときは，
　　　　　　　　～？ で表す。

◎ 答え方…「はい」→＿＿＿＿＿＿＿＿＿＿＿

　　　　　「いいえ」→＿＿＿＿＿＿＿＿＿＿
　　　　　　　　　　　⤷do notの短縮形を使おう

> 答えるときは，doを使う。×Yes, I *like*.のように，疑問文の動詞をそのまま使わない。

ふつうの文		You play tennis. （あなたはテニスをします。）

文の最初に

疑問文	☐ you ☐ tennis? （あなたはテニスをしますか。）

文の終わりはクエスチョンマーク

教科書check! 🖉自分の教科書に出ている一般動詞の疑問文とその答えの文を書こう。
●

> **ミス注意**
> 一般動詞の疑問文では，be動詞は使わない。
> ×*Are* you play ～？
> ○Do you play ～？

🖉疑問文に書きかえよう。

★ You need a pen. （あなたはペンが必要です。）

→（　　　　　）you（　　　　　）a pen?

★ You know this word. （あなたはこの単語を知っています。）

→（　　　　　）you（　　　　　）this word?

bearの意味なんだ？ Dictionary
え…

✐日本語の意味を表す英文にしよう。

★あなたは朝，ラジオを聞きますか。—はい，聞きます。

→ (　　　　　　) you (　　　　　　) to the radio in the morning?

□

— Yes, (　　　　　) (　　　　　).

□

★あなたはバスで学校に来ますか。—いいえ，来ません。

→ (　　　　　) you (　　　　　) to school by bus?

□

— No, (　　　　　) (　　　　　).

★あなたは自転車を持っていますか。

□

—はい，持っています。

→

□

—

★あなたはこのカメラを使いますか。

—いいえ，使いません。

→

—

✐[　　　] 内の語を並べかえて，日本語の意味を表す英文にしよう。

★あなたは放課後に野球を練習しますか。

[practice / you / baseball / do] after school?

→ 　　　　　　　　　　　　　　　　after school?

★あなたはその新しいドレスがほしいですか。

[dress / you / do / new / the / want]?

→

★あなたは家でピアノをひきますか。

[do / play / you / piano / the] at home?

→ 　　　　　　　　　　　at home?

マイ例文 ✐自分のことについて，次の英語の質問に英語で答えよう。

★ Do you study English every day?

（あなたは毎日英語を勉強しますか。）

—

11 What do you～？の文

What で始まる一般動詞の疑問文と答え方

What do you want for your birthday?

（あなたは誕生日に**何が**ほしいですか。）

―I want a new computer.

（私は新しいコンピューターがほしいです。）

（1）What do you ～？の文

◉一般動詞を使って「あなたは何を～しますか」とたずねるときは，

　　　　　＋一般動詞 ～？　　　で表す。

◉答え方…疑問文で使われた一般動詞を使って，具体的に「何を～す
　るのか」を答える。

一般動詞の疑問文	Do		you have a book in your bag? ↗	（あなたはかばんの中に本を持っていますか。）
		何？		
What ～？			you have　　in your bag? ↘	（あなたはかばんの中に何を持っていますか。）

What do you ～？への答え方

ふつうの Do ～？の疑問文は文の終わりを上げ調子で読むけど，What の疑問文は，下げ調子で読む。

単語Check!

教科書check!　✎自分の教科書に出ている What do you ～?の文とその答えの文を書こう。
　●
□

□

□

✎日本語の意味を表す英文にしよう。
★あなたは手に何を持っていますか。―スマートフォンを持っています。
→(　　　)(　　　)(　　　　　　) have in your hand?
□
　―(　　　　)(　　　　) a smartphone.
□
★あなたは家で何を勉強しますか。―英語と数学です。
→(　　　)(　　　)(　　　　　　) study at home?
　―(　　　)(　　　) English and math.

(2) What do you do ～?の文

What do you do on weekends?　(あなたは週末に**何を**しますか。)
— I read some books.　(私は本を読みます。)

◉「あなたは(ふだん)何をしますか」は，動詞 do を使って
　　　　　　～?　　　で表す。

> このdoは「する」という意味。

✎[　]内の語を並べかえて，日本語の意味を表す英文にしよう。
★あなたは土曜日に何をしますか。
[do / do / you / what] on Saturdays?
→　　　　　　　　　　on Saturdays?

> usuallyは「ふつうは，たいてい」という意味。ふつう一般動詞の前に入れる。

マイ例文　✎自分のことについて，次の英語の質問に英語で答えよう。
★ What do you usually do after school?　(あなたはふつう放課後に何をしますか。)
→

12 What subject do you ～？の文

「何の～」の疑問文

□

What subject do you like?

（あなたは**何の教科**が好きですか。）

—I like English. （私は英語が好きです。）

□

□

□

◉「何の～」とたずねるときは＜_____＜＋名詞＞で文を始めて，
　いっぱん
　一般動詞の疑問文を続ける。

◉答え方…疑問文の動詞を使って，具体的に答える。

□

✏空所に適する英語を書こう。

いろいろな What ＋ 名詞	
何の動物	
何色	
何語	
何のスポーツ	
何の教科	

詳しく！
Whatのあとの名詞は複
数形（→ 44 ページ）にな
ることもある。一般的に，
複数の答えが想定される
ときには複数形を使う。

「何のスポーツが好きで
すか。 ―サッカーとテ
ニスです。」
What sports do you
like? ― I like soccer
and tennis.

疑問文		**Do you play tennis?**	（あなたはテニスをしますか。）
	始めに	何のスポーツ？	
What＋名詞 ～？	□	□ do you play?	（あなたは何のスポーツをしますか。）
		あとに名詞を続ける！	

✏日本語の意味を表す英文にしよう。

★あなたは何の教科を熱心に勉強しますか。―私は理科を熱心に勉強します。

→（　　　　　）（　　　　　　　　　） do you study hard?

― I （　　　　　） science hard.

★あなたは何色が好きですか。―私は青が好きです。

→（　　　　　）（　　　　　　　　　） do you like?

― I （　　　　　） blue.

「どんな種類の～」の疑問文

- 「どんな種類の～」は、＿＿＿＿＿＿＿で文を始める。

- 「どんな種類の音楽が好きですか」は

  do you like?　で表す。

- 答え方…疑問文の動詞を使って、具体的に答える。

> 詳しく!
>
> kindには、「親切な」という形容詞の意味と、「種類」という名詞の意味がある。

疑問文		
What kind of ～ ?	始めに →	Do you have tea in the morning?　（あなたは朝にお茶を飲みますか。） どんな種類の～? ［　　　］［　　　］ of drink do you have in the morning? たずねるものを続ける　（あなたは朝にどんな種類の飲み物を飲みますか。）

🖊日本語の意味を表す英文にしよう。

★ あなたはどんな種類の音楽が好きですか。

　― 私はポップスが好きです。

　→ (　　　　　) (　　　　　) of music do you like?

　― I (　　　　　) pop music.

★ あなたはふだん、どんな種類の本を読みますか。

　― 私はSFを読みます。

　→ (　　　　　) (　　　　　) of books do you usually read?

　― I (　　　　　) science fiction.

♫ pop music

マイ例文 🖊自分のことについて、次の英語の質問に英語で答えよう。

★ What subject do you like?　（あなたは何の教科が好きですか。）

　→

★ What sport do you play?　（あなたは何のスポーツをしますか。）

　→

★ What color do you like?　（あなたは何色が好きですか。）

　→

No.

13 canの文／canの否定文

canの文

この単元にあたる教科書の新出単語とその意味を書こう。

□

□

□

□

□

I **can** play the guitar.
（私はギターを**ひくことができます**。）

助動詞の働き

空所に適する英語を書こう。

一般動詞の文

I [　　　　　] well.
（私は上手に泳ぎます。）

助動詞の文
…動詞といっしょに助動詞を使って，
話し手のいろいろな判断や気持ち，意味をつけ加える

I [　　　　][　　　　] well.
（私は上手に泳げます。）

> canは，動詞に「〜できる」という意味をつけ加える！

can

> 動詞にsをつける3単現の文（→ 54 ページ）でも，canを使うときは動詞が原形。
> × He can *swims* well.
> 〇 He can swim well.

○ 「〜することができます」というときは，[　　　　]を使う。

○ canは 動詞の前 に入れる。canなどの助動詞のあとの動詞は，
必ず [　　　　]（変化しないもとの形）になる。

一般動詞の文	You		run	fast.	（あなたは速く走ります。）
canの文	You	[　　]	[　　]	fast.	（あなたは速く走ることができます。）

「〜できる」　動詞の原形

ミス注意!

canを使った文では，語順に注意。
× I *cook* can well.
〇 I can cook well.
（私は上手に料理ができます。）

単語Check!

・教科書check!　✐自分の教科書に出ている can の文を書こう。

☐

　　●

☐

✐日本語の意味を表す英文にしよう。

☐

★私は中国語が話せます。→I （　　　　　）（　　　　　　　） Chinese.

★彼はスキーが上手にできます。→He （　　　　　）（　　　　　　　） well.

☐

★健は上手にその英語の歌を歌えます。

→　　　　　　　　　　　　　　　　well.

☐

canの否定文

I cannot play tennis well.
（私は上手にテニスをすることが**できません**。）

ホームラン！

◉「〜することができません」は，動詞の前に　　　　　　　を入れる。

◉ cannot は短縮形の　　　　　　がよく使われる。

ミス注意！

cannot を ×can not のように，はなして書かないこと。短縮形を使うときは，アポストロフィのつけ忘れに注意。
×cant
○can't

✐否定文に書きかえよう。

★ I can play the piano.　（私はピアノがひけます。）

　→I （　　　　　）（　　　　　　　） the piano.

★ Ann can speak Japanese.　（アンは日本語が話せます。）

　→Ann （　　　　　）（　　　　　　　） Japanese.

✐日本語の意味を表す英文にしよう。

★トムは納豆が食べられません。

　→Tom （　　　　　）（　　　　　　　） natto.

★彼女は自転車に乗ることができません。

　→

14 can の疑問文

can の疑問文と答え方

□
□
□
□
□

> # **Can** you play the guitar?
> （あなたはギターをひくことが**できますか**。）
>
> # ― Yes, I **can**. / No, I **cannot**.
> （はい，**できます**。／いいえ，**できません**。）

◉「あなたは〜できますか」は ＿＿＿＿＿＿ 〜？ でたずねる。
⌐ Can で文を始める

◉答え方…「はい」 → Yes, I ＿＿＿
「いいえ」 → No, I ＿＿＿
⌐ cannot の短縮形を入れよう

> 「彼は〜できますか」というときはCan he 〜? のように，主語を変えればよい。

| ふつうの文 | He can read this *kanji*. | （彼はこの漢字が読めます。） |

| 疑問文 | ☐ he ☐ this *kanji*? | （彼はこの漢字が読めますか。） |

⌐ Can で文を始める ⌐ 動詞

〜 **教科書check!** ✎自分の教科書に出ているcanの疑問文とその答えの文を書こう。

● ＿＿＿＿＿＿＿＿＿＿＿＿＿＿＿＿＿＿＿＿＿＿＿

✎疑問文に書きかえよう。

★ You can play *shogi*. （あなたは将棋ができます。）

→(＿＿) you (＿＿) *shogi*?

★ Bill can swim fast. （ビルは速く泳げます。）

→(＿＿) Bill (＿＿) fast?

> **ミス注意!**
> canの疑問文では，be
> 動詞やdoは使わない。
> × Are you *can* make
> cookies?
> ○ Can you make
> cookies?
> （あなたはクッキーを
> 作れますか。）

✐日本語の意味を表す英文にしよう。　　　　　　　　　　　　　単語Check!

★ あなたは魚を料理できますか。— はい，できます。　　　　　　　☐

→（　　　　　）you（　　　　　　　）fish? — Yes,（　　　　　）（　　　　　）.

★ ヒル先生は運転できますか。— いいえ，できません。　　　　　　☐

→（　　　　　）Ms. Hill（　　　　　）? — No,（　　　　　）（　　　　　）.

　　　　　　　　　　　　　　　　　　　　　　　　　　　　　　　☐

✐[　　　]内の語を並べかえて，日本語の意味を表す英文にしよう。

★ あなたはあの鳥が見えますか。[you / bird / that / can / see]?　☐

→

★ あなたは朝早く起きることができますか。　　　　　　　　　　☐

[early / get / in / can / up / you] the morning?

→　　　　　　　　　　　　　　　　　　the morning?

What で始まる can の疑問文

What can you see?

（あなたは**何が**見え**ますか**。）

◉「何」「何の」とたずねるときは　　　　　　　で文を始める。

◉答え方…can を使って，具体的に「何ができるか」を答える。

✐日本語の意味を表す英文にしよう。

★ あなたは何が作れますか。— スパゲッティが作れます。

→（　　　　　）（　　　　　　　　）you cook?

— I（　　　　　　）cook spaghetti.

★ あなたは何語を話すことができますか。— 私は英語とフランス語が話せます。

→（　　　　　）（　　　　　　　　）（　　　　　　　）you speak?

— I（　　　　　）（　　　　　　　）English and French.

マイ例文 ✐自分のことについて，次の英語の質問に英語で答えよう。

★ What sport can you play?　（あなたは何のスポーツができますか。）

—

ぼくは野球！

41

確認テスト②

●目標時間：３０分 ●１００点満点 ●答えは別冊 23 ページ

1 次の英文の[　]内から適する語句を選び，記号を○で囲みなさい。 〈4点×4〉

重要 (1) I [ア am　 イ are　 ウ like] basketball very much.

(2) I [ア not　 イ am not　 ウ don't] have rice for breakfast.

(3) [ア Do　 イ Are　 ウ Is] you know the girl over there?

(4) [(3)に答えて] No, I [ア do　 イ don't　 ウ am not].

2 次の日本文に合うように，〔　〕に適する語を入れなさい。 〈4点×4〉

(1) 私は毎日ギターをひきます。

　 I〔　　　　　　　〕〔　　　　　　　　　　〕 guitar every day.

重要 (2) あなたはこの英語の歌が歌えますか。

　〔　　　　　　　　〕 you〔　　　　　　　　　〕 this English song?

(3) [(2)に答えて]はい，歌えます。

　 Yes,〔　　　　　　　〕〔　　　　　　　　　　〕.

(4) 彼らはあまり上手に日本語が話せません。

　 They〔　　　　　　　〕〔　　　　　　　　　　〕 Japanese very well.

3 右の絵の人物になったつもりで，次の疑問文に答えなさい。 〈4点×3〉

(1) Do you walk to school?

　〔　　　　　　　　　　　　　　　　　　　〕

(2) Do you study English at school on Mondays?

　〔　　　　　　　　　　　　　　　　　　　〕

(3) What sport can you play?

　〔　　　　　　　　　　　　　　　　　　　〕

(1)

(2)

(3)

4 次の[　]内の語を並べかえて，日本語の意味を表す英文を作りなさい。　〈4点×4〉

(1) 私は放課後に音楽を聞きます。　[listen / after / to / I / music] school.

〔　　　　　　　　　　　　　　　　　　　　　　　　　　　　　〕 school.

重要 (2) 私は犬を飼っていません。　[don't / dog / a / I / have].

〔　　　　　　　　　　　　　　　　　　　　　　　　　　　　　〕

重要 (3) 私の妹は一輪車に乗ることができます。　[can / sister / a / ride / my / unicycle].

〔　　　　　　　　　　　　　　　　　　　　　　　　　　　　　〕

(4) あなたは何の教科が好きですか。　[subject / you / like / what / do]?

〔　　　　　　　　　　　　　　　　　　　　　　　　　　　　　〕

5 次の英文を[　]内の指示にしたがって書きかえなさい。　〈5点×4〉

(1) My parents ski well.　[「～することができる」という意味の文に]

〔　　　　　　　　　　　　　　　　　　　　　　　　　　　　　〕

(2) I cook dinner on Sundays.　[否定文に変えて]

〔　　　　　　　　　　　　　　　　　　　　　　　　　　　　　〕.

(3) Mr. Smith can read this *kanji*.　[疑問文に変えて]

〔　　　　　　　　　　　　　　　　　　　　　　　　　　　　　〕

(4) You want a new computer for your birthday.　[下線部をたずねる疑問文に]

〔　　　　　　　　　　　　　　　　　　　　　　　　　　　　　〕

6 健は，授業で英語のスピーチをすることになりました。次の健の書いたメモを見て，自己紹介の英文を完成させなさい。　〈5点×4〉

名前：高橋 健
(1)静岡に住んでいる　(2)自転車で学校へ行く　(3)サッカーが好き　(4)速く走れる

My name is Takahashi Ken.

(1) 〔　　　　　　　　　　　　　　〕

(2) 〔　　　　　　　　　　　　　　〕

(3) 〔　　　　　　　　　　　　　　〕

(4) 〔　　　　　　　　　　　　　　〕

No.

15 名詞の複数形／we, they の文

名詞の複数形

単語Check!

□

□

□

□

□

I have two cats.

（私はねこを2匹飼っています。）

---

(1) 数えられる名詞と数えられない名詞

◎ 名詞には，数えられる名詞と数えられない名詞がある。

◎ 数えられる名詞で，2つ(2人)以上を表すときは複数形にする。

◎ 複数形は名詞の最後にsまたはes をつける。

数えられる名詞	数えられない名詞
→「1つ，2つ」と数えられる	→「1つ，2つ」と数えられない

2つ　3羽　English Hello

paper　water

4本

複数形にする　複数形にしない。aやanもつけない。

> 「1つ」「1人」のときの，sがつかない名詞の形を単数形という！

詳しく!
数えられない名詞の例
・地名や人名（固有名詞）
Japan（日本），Ken（健）
・言語，教科，スポーツ
English（英語），math（数学），tennis（テニス）
・液体や素材
water（水），paper（紙）

◎「（具体的な数ではなく）いくつかの」は ＿＿＿＿ で表す。

◎「たくさんの」は ＿＿＿ of や ＿＿＿ で表す。

> 否定文や疑問文では，ふつうanyを使う。

✏日本語の意味を表す英文にしよう。

★ あなたはねこが好きです。→You like（　　　　）.

★ 私は英語が大好きです。→I like（　　　）very much.

★ 私は（いくらかの）水がほしい。→I want（　　　）（　　　）.

★ あなたには兄弟がいますか。

→Do you have（　　　）（　　　）?

★ 私はたくさんの本を持っています。

→I have（　　　）（　　　）of（　　　）.

詳しく!
like（好きである）のあとに数えられる名詞がくるときは，複数形にする！

(2) 名詞の複数形の作り方

✎次の名詞を複数形にしよう。

☐

● ふつうは最後にsをつけるだけ。

dog(犬)　　→(　　　　　　　)　　pen(ペン)　→(　　　　　　　)

☐

car(車)　　→(　　　　　　　)　　bird(鳥)　→(　　　　　　　)

マイ単語　　　　→(　　　　　　　)

☐

● s, x, ch, sh で終わる名詞→esをつける。

bus(バス)　　→(　　　　　　　)　　box(箱)　→(　　　　　　　)

watch(腕時計)→(　　　　　　　)　　dish(皿)　→(　　　　　　　)

> **ミス注意!**
>
> oで終わる名詞には, s をつけるものとesをつけるものがある。
> piano(ピアノ)→piano**s**
> tomato(トマト)
> →tomato**es**

● 〈子音字＋y〉で終わる名詞→yをiに変えてesをつける。

city(都市)　→(　　　　　　　)　　family(家族)　→(　　　　　　　)

● 不規則に変化するものもある。

man(男性)　→(　　　　　　　)　　woman(女性)　→(　　　　　　　)

child(子ども)→(　　　　　　　)

> **ミス注意!**
>
> yで終わってもsだけつける名詞もある (yの前が母音字の語)。
> day(日)→day**s**
> boy(男の子)→boy**s**

we, they の文(主語が複数の文)

We are good friends.

(私たちは親友です。)

> **詳しく!**
>
> Tom and Ken(トムと健)やLisa and I(リサと私)を主語にした文を作るときも, 複数の主語なのでbe動詞はareを使う。
> Tom and Kenを代名詞で受けるとtheyに, Lisa and I ならweになる。

● 主語が複数のときは, be動詞は　　　　　　を使う。

● 「私たちは〜です」は　　　　　　〜　　で表す。　We areの短縮形を入れよう

● 「あなたたちは〜です」は　　　　　　〜　　　で表す。　You areの短縮形を入れよう

● 「彼(彼女)らは〜です」は　　　　　　〜　　で表す。

└ They areの短縮形を入れよう

✎日本語の意味を表す英文にしよう。

★ 私たちは野球のファンです。

→(　　　　　　　) baseball fans.

★ 彼らはとても忙しい。 →(　　　　　　　) very busy.

★ 主語になる代名詞

単数	複数
I(私は)	we(私たちは)
you(あなたは)	you(あなたたちは)
he(彼は)	
she(彼女は)	they { 彼らは / 彼女らは / それらは
it(それは)	

16 数／How many 〜？の文

数を表す語

I'm **thirteen** years old.

（私は **13** 歳（さい）です。）

✏空所にあてはまる数を表す英語を書こう。

1 〜 100 までの数		
1 _____	9 _____	17 seventeen
2 _____	10 _____	18 _____
3 _____	11 eleven	19 nineteen
4 _____	12 _____	20 _____
5 _____	13 _____	21 twenty-one
6 _____	14 fourteen	25 twenty-five
7 _____	15 _____	30 _____
8 _____	16 sixteen	31 thirty-one
40 _____	70 seventy	100 one hundred
50 _____	80 _____	0 は zero という。
60 sixty	90 ninety	

◉21 以上の数は，十の位を表す単語（twenty など）と一の位を表す
　単語（one など）をハイフン（-）でつないで表す。

詳しく！
two（2）以上の数の
あとに続く数えられ
る名詞は，four pens
（4 本のペン）のように
複数形にする。

✏次の数を英語で書こう。

★ 32 （　　　　　　　） ★ 45 （　　　　　　　）
★ 57 （　　　　　　　） ★ 84 （　　　　　　　）

✏日本語の意味を表す英文にしよう。

★私はねこを 3 匹（びき）飼っています。
　→I have （　　　　　）（　　　　　）.

★私たちの学校は創立 100 年です。
　→Our school is （　　　　）（　　　　）（　　　　） old.

かわい
すぎる

How many ～?の文

How many pens do you have?
（あなたはペンを**何本**持っていますか。）

― I have ten pens.　（10本持っています。）

- ◉「いくつ?」と数をたずねるときは ＿＿＿＿＿ ～? で表す。
- ◉ How manyのあとには，名詞の複数形がくる。
- ◉ 答え方→数を答える。

疑問文　　Do you have two dogs?　（あなたは2匹の犬を飼っていますか。）

何匹の犬?

How many ～?　[　　　　] [　　　　] dogs do you have?
「いくつ」と数をたずねる　名詞の複数形　（あなたは何匹の犬を飼っていますか。）

教科書check!　✎自分の教科書に出ているHow many ～?の文とその答えの文を書こう。

- ●

✎日本語の意味を表す英文にしよう。

★あなたには兄弟が何人いますか。―1人います。

→(　　　　　)(　　　　　)(　　　　　) do you have?

―I have (　　　　　).

★あなたはりんごがいくつ必要ですか。―3個くらいです。

→(　　　　　)(　　　　　)(　　　　　) do you need?

―About (　　　　　).

詳しく!

aboutは「約，およそ」の意味。答えるときは，文の形にしないで，数だけを答えることもある。

47

17 命令文

命令文

□

□

□

> **Use** my pen. （私のペンを使って。）
>
> **Please** use my pen. （私のペンを使ってください。）

(1) 一般動詞の命令文

□ ● 命令文…「〜しなさい」や「〜してください」という文。

● 主語を省略して、動詞で文を始める。

□ ●「〜してください」と命令の調子をやわらげていうときは、文の最初か最後に　　　　　　をつける。

| ふつうの文 | You | wash | your hands. | （あなたは手を洗います。） |

主語は省略

| 命令文 | | your hands. | （手を洗いなさい。） |

動詞で文を始める！

| | | your hands. | （手を洗ってください。） |

please をつけると、命令の調子がやわらぐ

ミス注意！
please を文の最後につけるときは、Wash your hands, please. のように、コンマをつける。

教科書Check! 📝自分の教科書に出ている一般動詞の命令文を書こう。

●

📝命令文に書きかえよう。

★ You stand up. （あなたは立ちます。）

→（　　　　　　　）up.

★ You open your textbook. （あなたは教科書を開きます。）

→（　　　　　　　）your textbook.

詳しく！
命令文に「はい」と応じるときは、All right.（わかりました。）や Sure.（いいですよ。）などを使う。

No.

✏日本語の意味を表す英文にしよう。

単語Check!

★私の傘（かさ）を使って。―ありがとう。

→(   ) my umbrella. — Thank you.

☐

★私といっしょに来て。―いいですよ。

→(   ) with me. — Sure.

☐

★あの木を見てください。

→(   ) (   ) at that tree.

☐

★ドアを閉めてください。

→(   ) the door, (   ).

☐

☐

(2) be動詞の命令文

● be動詞を使って、「～でいなさい」というときは

<u>   ～.   </u> で表す。
   am, are, isの原形

ふつうの文	You		are	careful.	（あなたは注意深いです。）
		主語は省略	be動詞を原形のbeにする		
命令文			☐	careful.	（注意深くありなさい。→気をつけなさい。）
			Beで文を始める！		
		☐	☐	careful.	（気をつけてください。）
			pleaseをつけると、命令の調子がやわらぐ		

詳しく！
原形とは変化しないもとの形のこと。be動詞（am, are, is）の原形はbe。

✏日本語の意味を表す英文にしよう。

★マイク、よい子でいなさい。

→Mike, (   ) a good boy.

★友達に親切にしなさい。

→(   ) kind to your friends.

★静かにしてください。

→(   ) quiet, (   ).

ミス注意！
このMike（マイク）は呼びかけの語。主語ではない。

be kind to ～は「～に親切である」という意味。

49

18 Don't 〜.の文／Let's 〜.の文

Don't 〜.の文（否定の命令文）

Don't use my dictionary.
（私の辞書を使ってはいけません。）

- ◎「〜しないで」「〜してはいけません」は，＿＿＿＿＿＿　で
  文を始めて，あとには動詞を続ける。
- ◎ be動詞の否定の命令文は＿＿＿＿＿＿　〜　. で表す。
- ◎＿＿＿＿＿＿＿を文の最初か最後につけると，命令の調子をやわ
  らげることができる。

ふつうの命令文	Swim　here.	（ここで泳ぎなさい。）
否定の命令文	＿＿＿　＿＿＿　here.	（ここで泳いではいけません。）
	Don'tで文を始める　　動詞	

教科書Check!　✎自分の教科書に出ているDon't 〜.の文を書こう。
- ●

✎否定の命令文に書きかえよう。
- ★ Run here.　（ここで走りなさい。）
  →（　　　　　）（　　　　　　　）here.
- ★ Open the window.　（窓を開けなさい。）
  →（　　　　　）（　　　　　　　）the window.

✎日本語の意味を表す英文にしよう。
- ★あまり速く歩かないで。　→（　　　　　）（　　　　　　）so fast.
- ★遅（おく）れないでください。
  →Please（　　　　　）（　　　　　　）late.

いけませ〜ん！
ダメ　ダメ

No.

Let's ～. の文

単語Check!

☐

Let's eat lunch. （昼食を食べましょう。）
— All right. （いいよ。）

☐

☐

- 「～しよう」「～しましょう」は 　　　 ～ . 　で表す。
- Let'sのあとには 　動詞　 を続ける。 　　└相手を誘う表現
- 誘われて「はい」と応じるときは，OK. などを使う。

☐

☐

Let's ～. への応答		
OK. （いいですよ。）	Yes, let's.	（はい, そうしましょう。）
All right. （いいですよ。）		

ふつうの命令文	Go	to the park.	（公園に行きなさい。）
Let's ～.	☐ ☐	to the park.	（公園に行きましょう。）

Let'sで文を始める　動詞

教科書check! ✎自分の教科書に出ているLet's ～.の文を書こう。
　●

✎日本語の意味を表す英文にしよう。

★ 野球をしようよ。— いいよ。
　→（　　　　　）（　　　　　　） baseball. — OK.

★ 英語を勉強しましょう。— わかりました。
　→（　　　　　）（　　　　　　） English. — All right.

★ 図書館へ行きましょう。— はい, そうしましょう。
　→（　　　　　）（　　　　　　） to the library. — Yes, let's.

詳しく!
「サッカーをしよう」という
とき, 日本語につられて,
×Let's soccer.としない。
必ず動詞を入れること。
○Let's play soccer.
（サッカーをしよう。）

51

19 許可を求めるCan I ～？／依頼するCan you ～？

許可を求める文

□
□
□
□

Can I use your dictionary?

（あなたの辞書を使ってもいいですか。）

― Sure.　（もちろん。）

□

◎「～してもいいですか」と相手に許可を求めるときは，＿＿＿＿＿＿ ～？で表す。

◎答えるときは，ふつう次のような表現を使う。

> 詳しく!
> 許可を求める文では，Yes, you can.のような答え方はあまりしない。

許可するとき	断るとき
Sure.　（もちろん。） OK.　（いいですよ。） All right.　（いいですよ。） Sure, go ahead. （もちろん，どうぞ。）	Sorry, ＿＿＿＿ ～. （ごめん，～。）

> 断るときは，あやまったあとで，断る理由を続けるようにする。

🖋日本語の意味を表す英文にしよう。

★ 1つ質問してもいいですか。―もちろん，どうぞ。

　→（　　　　　）（　　　　　）（　　　　　）a question?

　― Sure,（　　　　　）ahead.

★ あなたのコンピューターを使ってもいいですか。

　―ごめんね，今必要なんです。

　→（　　　　　）（　　　　　）（　　　　　）your computer?

　―（　　　　　）, I need it now.

🖋[　　]内の語を並べかえて，日本語の意味を表す英文にしよう。

★窓を開けてもいいですか。[open / window / can / the / I]?

　→

依頼する文

Can you close the door?
（ドアを閉めてくれますか。）

― Yes, of course.

（はい，もちろん。）

◉「～してくれますか」と相手に何かを依頼するときは，
　　　　　　　　　　　　　～？ で表す。

◉答えるときは，Can I ～? で使う表現とほぼ同じものが使える。

Can you open the window?
（窓を開けてくれますか？）

OK.
（いいですよ）

この暑さで
なぜ
おでん…

Can you help me?
（手伝ってくれる？）

Sorry, I'm busy now.
（ごめん，今忙しい。）

✏日本語の意味を表す英文にしよう。

★ 私を手伝ってくれますか。―もちろん。

　→(　　　　　) (　　　　　) (　　　　　) me? ― Sure.

★ その手紙を私たちに読んでくれますか。―ええ，もちろんです。

　→(　　　　　) (　　　　　) (　　　　　) the letter to us?

　― Yes, of (　　　　　).

✏[　] 内の語を並べかえて，日本語の意味を表す英文にしよう。

★ 水をいくらか持ってきてくれますか。

　[you / bring / water / can / some]?

　→

53

20 Tom plays 〜.の文(3単現)

3人称単数現在の文

📝 この単元にあたる教科書の新出単語とその意味を書こう。

□
□
□
□
□

> # Tom likes music.
> (トムは音楽が**好きです**。)

(1) 1人称・2人称・3人称

- 人称とは，「どんな立場の人・物か」，という考え方。
- 1人称 → 話し手(自分)を指す語。…I(私)やwe(私たち)
- 2人称 → 聞き手(相手)を指す語。…you(あなた，あなたたち)
- 3人称 → 1人称，2人称以外の人や物を指す語。

人称とは

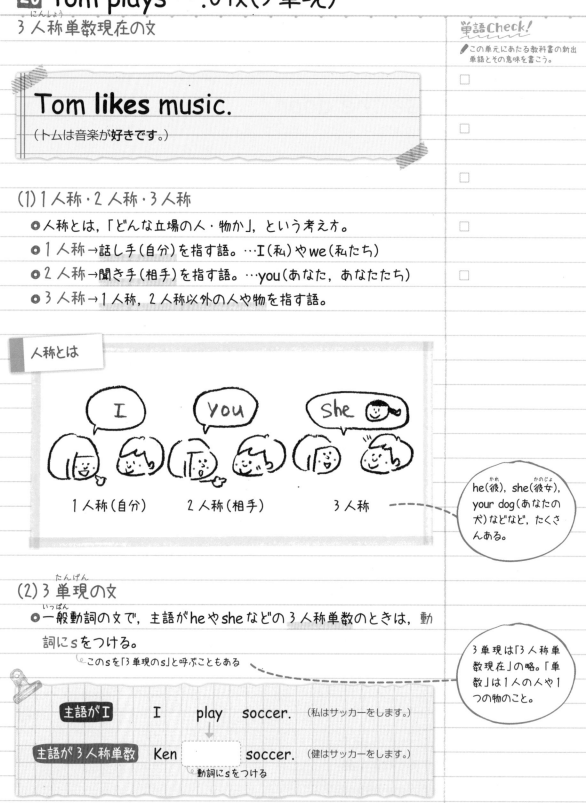

I　　　you　　　she

1人称(自分)　　2人称(相手)　　　3人称

> he(彼)，she(彼女)，your dog(あなたの犬)などなど，たくさんある。

(2) 3単現の文

- 一般動詞の文で，主語がheやsheなどの3人称単数のときは，動詞にsをつける。

　このsを「3単現のs」と呼ぶこともある

> 3単現は「3人称単数現在」の略。「単数」は1人の人や1つの物のこと。

主語がI	I	play	soccer.	(私はサッカーをします。)
主語が3人称単数	Ken		soccer.	(健はサッカーをします。)

動詞にsをつける

No.   Date   ・   ・

単語Check!

□

● **教科書Check!**　✎自分の教科書に出ている３単現の文を書こう。
　　●

□

✎次の動詞を３単現の形にしよう。

　　◉ **動詞の最後にsをつける。**

□

come（来る）→　（　　　　　　）　cook（料理する）→　（　　　　　　）

eat（食べる）→　（　　　　　　）　help（助ける）　→　（　　　　　　）

□

live（住む）　→　（　　　　　　）　play（する）　　→　（　　　　　　）

□

read（読む）→　（　　　　　　）　use（使う）　　→　（　　　　　　）

マイ単語　　　　　　→　（　　　　　　）

✎日本語の意味を表す英文にしよう。

★私はふつう学校に歩いて行きます。

　→I usually（　　　　　　）to school.

★私の母は毎週末テニスをします。

　→My mother（　　　　　　）tennis every weekend.

★あゆみは新しいかばんをほしがっています。

　→Ayumi（　　　　　　）a new bag.

★太郎と美穂は英語を話します。

　→Taro and Miho（　　　　　　）English.

> **ミス注意!**
> 主語が３人称複数のときは，動詞にsはつかない！
> ×Ken and Tom *plays* ～.
> ○Ken and Tom play ～.

✎[　　]内の語を並べかえて，日本語の意味を表す英文にしよう。

★アン（Ann）は神戸に住んでいます。[lives / in / Ann / Kobe].

　→

★私の姉は日曜日に昼食を作ります。

　[my / cooks / sister / on / lunch] Sundays.

　→　　　　　　　　　　　　　Sundays.

★トムは朝食にパンを食べます。

　[bread / breakfast / Tom / for / eats].

　→

play S
複数なら
いらないっ

21 注意する一般動詞の3単現／He doesn't ～.の文(否定文)

注意する一般動詞の3単現

単語Check!

☐
☐
☐
☐
☐

> # Mary **has** a dog.
> （メアリーは犬を**飼っています**。）

◎ 3単現のsは，一般動詞の語尾によって，つけ方が変わる。

✐次の動詞を3単現の形にしよう。

◎ o, s, x, ch, sh で終わる語→es をつける。

do (する)　→(　　　　　　)　　go (行く)　→(　　　　　　)

pass (手渡す)→(　　　　　　)　　teach (教える)→(　　　　　　)

wash (洗う)　→(　　　　　　)

◎ 〈子音字＋y〉で終わる語→y を i に変えて es をつける。

study (勉強する)→(　　　　　)　　try (ためす)→(　　　　　　)

◎ have は不規則に変化する。

have (持っている)→(　　　　　)

　　　　　　haves にはならない

ミス注意!

ay, uy, ey, oy (母音字＋y) で終わる語は，そのまま s をつける。
say (言う)→ says
play (する)→ plays

✐日本語の意味を表す英文にしよう。

★ トムは夕食後に宿題をします。

→Tom (　　　　　　　　) his homework after dinner.

★ 私の兄は自転車で学校へ行きます。

→My brother (　　　　　　) to school by bike.

★ リサは朝，テレビを見ます。

→Lisa (　　　　　　　　) TV in the morning.

★ 彩 (Aya) には妹が1人います。

→

★ 佐藤先生 (Mr. Sato) は国語を教えます。

→

いってきまーす

主語が3人称単数の一般動詞の否定文

☐

Ken **does not** speak French.

（健はフランス語を話し**ません**。）

☐

☐

◎ 主語が3人称単数のとき，一般動詞の否定文は，動詞の原形の前

に ＿＿＿＿＿＿＿＿ を入れる。　sやesがつかない，動詞のもとの形

　　does notの短縮形を入れよう

☐

　　　　　　　　　　　　　　　動詞にsをつける

| ふつうの文 | Ken | ＿＿＿＿＿ | tennis. | （健はテニスをします。） |

　　　　　動詞の前に

| 否定文 | Ken | ＿＿＿＿＿ | ＿＿＿＿＿ | tennis. | （健はテニスをしません。） |

　　　　　　　　　　動詞は原形

▶ **教科書check!** ✎自分の教科書に出ている3単現の否定文を書こう。

　● ＿＿＿＿＿＿＿＿＿＿＿＿＿＿＿＿＿＿＿＿＿＿＿＿＿＿＿＿

ミス注意!

doesn'tのあとの動詞
は，必ず原形にする。

「彼は料理をしません。」
× He doesn't *cooks*.
○ He doesn't *cook*.

✎否定文に書きかえよう。

★ He eats *natto*. （彼は納豆を食べます。）

　→He （　　　　　） not （　　　　　　） *natto*.

★ Ann gets up at six. （アンは6時に起きます。）

　→Ann （　　　　　） （　　　　　　） up at six.

★ She has a cat. （彼女はねこを飼っています。）

　→She （　　　　　） （　　　　　　） a cat.

✎日本語の意味を表す英文にしよう。

★ ボブ(Bob)はこの自転車を使いません。

　→

★ 私の姉は数学が好きではありません。

　→

22 Does he 〜?の文(疑問文)

主語が3人称単数の一般動詞の疑問文

> **Does Tom have a dog?** (トムは犬を飼っていますか。)
> **— Yes, he does. / No, he does not.**
> (はい, 飼っています。 ／いいえ, 飼っていません。)

(1) 疑問文と答え方

● 主語が3人称単数のとき, 「〜しますか」は　　　　　　　で
文を始める。動詞は必ず原形。

● 答え方…「はい」 → Yes,　 〜

　　　　　「いいえ」 → No,　 〜

　　　　　　　　　　　does notの短縮形を入れよう

> 答えの文では, 疑問文の主語を代名詞で受けて使う。
> 1人の男性→he
> 1人の女性→she
> 1つの物→it

ふつうの文		Ken	walks	to school.	(健は歩いて学校へ行きます。)
	文の最初に↓		↓		
疑問文		Ken		to school?	(健は歩いて学校へ行きますか。)
			動詞は原形		

教科書Check! 🖊自分の教科書に出ている3単現の疑問文とその答えの文を書こう。

　●

🖊疑問文に書きかえよう。

★ Jim lives in Kyoto. (ジムは京都に住んでいます。)

→(　　　　　) Jim (　　　　　) in Kyoto?

★ Kate washes the dishes. (ケイトは皿を洗います。)

→(　　　　　) Kate (　　　　　) the dishes?

> **ミス注意!**
> 疑問文の動詞は必ず
> 原形。
> ✕ Does he *plays* 〜?
> ◯ Does he play 〜?

✎日本語の意味を表す英文にしよう。　　　　　　　　　　　　単語Check!

★あなたのお兄さんはギターをひきますか。　　　　　　　　☐

　—はい，ひきます。

　→(　　　　　) your brother (　　　　　) the guitar?　　☐

　　— Yes, (　　　　　) (　　　　　).

★ヒルさんは日本語を話しますか。　　　　　　　　　　　☐

　—いいえ，話しません。

　→(　　　　　) Ms. Hill (　　　　　) Japanese?　　　☐

　　— No, (　　　　　) (　　　　　).

　　　　　　　　　　　　　　　　　　　　　　　　　　☐

(2) What で始まる疑問文

◎「何」「何の」とたずねるときは＿＿＿＿＿で文を始める。

◎主語が3人称単数のときは，does 〜?の疑問文を続ける。

◎答え方…具体的に「何か」「何をするのか」を答える。

| 一般動詞の疑問文 | Does he want a camera? | (彼はカメラがほしいのですか。) |

文の最初に　何？

| What 〜? | [　　　] [　　　] he want? | (彼は何がほしいのですか。) |

一般動詞の疑問文

✎日本語の意味を表す英文にしよう。

★健は放課後，何をしますか。—彼は野球をします。

　→(　　　) (　　　　　) Ken (　　　　) after school?

　— (　　　) (　　　　) baseball.

★由美は何の教科が好きですか。—彼女は理科が好きです。

　→(　　　) (　　　　) (　　　　) Yumi like?

　— (　　　) (　　　　) science.

★あなたのお母さんはどんな動物が好きですか。

　—犬が好きです。

　→

　—

> 答えの文の主語を代名詞で受けることも忘れない！

確認テスト③

/100

●目標時間：30分　●100点満点　●答えは別冊24ページ

1 次の英文の[　]内から適する語を選び，記号を○で囲みなさい。　〈3点×5〉

(1) My father sometimes [ア is　イ cook　ウ cooks] lunch on Saturday.

(2) Tom and Ken [ア are　イ come　ウ comes] to school by bus.

(3) I want some [ア water　イ waters　ウ a water].

重要 (4) [ア Do　イ Does　ウ Is] your sister live in New York?

(5) [(4)に答えて] No, she [ア do　イ does　ウ doesn't].

2 次の日本文に合うように，〔　〕に適する語を入れなさい。　〈3点×6〉

(1) 私たちは科学部に入っています。

〔　　　　　〕〔　　　　　　　　　〕 in the science club.

(2) 彼らは今，教室にいますか。

〔　　　　　〕〔　　　　　　　　　〕 in the classroom now?

重要 (3) 健，ここを走ってはいけません。

Ken, 〔　　　　　〕〔　　　　　　　〕 here.

(4) 彼は京都で日本文化を勉強しています。

〔　　　　　〕〔　　　　　　　　　〕 Japanese culture in Kyoto.

(5) ここで写真をとってもいいですか。

〔　　　　　〕〔　　　　　　　〕 take a picture here?

(6) 5時に私の家に来てくれますか。

〔　　　　　〕〔　　　　　　　〕 come to my house at five?

3 次の[　]内の語を適する形にして，〔　〕に書きなさい。　〈3点×5〉

重要 (1) Lisa is my friend.　She often 〔　　　　　〕 to the library after school. [go]

(2) This is my brother, Ken.　He 〔　　　　　〕 some friends in Canada. [have]

(3) Mr. Jones is from Australia.　He 〔　　　　　〕 English at our school. [teach]

(4) My mother wants some 〔　　　　　〕. [dish]

(5) I see a lot of 〔　　　　　〕 in the park. [child]

4 次の英文を[　]内の指示にしたがって書きかえなさい。　〈4点×4〉

(1) I watch TV every day. ［下線部を He に変えて］

〔　　　　　　　　　　　　　　　　　　　　　　　　　　　　　　〕

重要 (2) She uses the old bike. ［否定文に変えて］

〔　　　　　　　　　　　　　　　　　　　　　　　　　　　　　　〕

(3) Your mother plays the piano. ［疑問文に変えて］

〔　　　　　　　　　　　　　　　　　　　　　　　　　　　　　　〕

(4) I want a watch. ［下線部を two に変えて］

〔　　　　　　　　　　　　　　　　　　　　　　　　　　　　　　〕

5 次の[　]内の語を並べかえて，日本語の意味を表す英文を作りなさい。　〈4点×4〉

(1) 私には兄弟が1人もいません。　[don't / any / have / I / brothers].

〔　　　　　　　　　　　　　　　　　　　　　　　　　　　　　　〕

(2) この箱を開けてはいけません。　[open / this / don't / box].

〔　　　　　　　　　　　　　　　　　　　　　　　　　　　　　　〕

重要 (3) あなたは鳥を何羽飼っていますか。　[have / many / you / do / how / birds]?

〔　　　　　　　　　　　　　　　　　　　　　　　　　　　　　　〕

(4) 彼は何のスポーツが好きですか。　[does / what / he / like / sports]?

〔　　　　　　　　　　　　　　　　　　　　　　　　　　　　　　〕

6 次のようなとき，英語でどのように言えばよいですか。適する文を書きなさい。〈5点×4〉

(1) 友達を「公園へ行きましょう。」と誘うとき。

〔　　　　　　　　　　　　　　　　　　　　　　　　　　　　　　〕

(2) 高いところにある物を取ろうとしている友達に「気をつけて。」というとき。

〔　　　　　　　　　　　　　　　　　　　　　　　　　　　　　　〕

重要 (3) 友達に「私の宿題を手伝ってくれますか。」とお願いするとき。

〔　　　　　　　　　　　　　　　　　　　　　　　　　　　　　　〕

(4) 友達に「あなたのノートを見てもいいですか。」とたずねるとき。

〔　　　　　　　　　　　　　　　　　　　　　　　　　　　　　　〕

No.

23 What time ～?の文（時刻）

時刻のたずね方と答え方

この単元にあたる教科書の新出単語とその意味を書こう。

□

□

□

□

What time is it?　（何時ですか。）
── It is three.　（3時です。）

◎「（今）何時ですか。」は　＿＿＿＿ is it?　でたずねる。

◎時刻をたずねたり，答えたりするときは，主語を＿＿＿＿にする。

この場合，「それ」という意味はない

◎時刻は，＿＿＿＿のあとに「時」「分」の順で数を並べる。

It isの短縮形を入れよう

◎「朝の6時」などのように，くわしくいう場合は，次の語句を使う。

> **詳しく!**
> itは時刻のほかに，曜日，天気，日付，寒暖などをいうときの主語にも使う。

空所に適する英語を書こう。

時を表す語句	
朝の，午前中の	in the ＿＿＿＿
午後の	in the ＿＿＿＿
晩の，夕方の	in the ＿＿＿＿
～時（ちょうど）	～ ＿＿＿＿
（例）six in the morning （朝の6時）	

> **詳しく!**
> 「午前」はa.m.，「午後」はp.m.で表し，時刻のあとにおく言い方もある。
> 8 p.m.（午後8時）

教科書check!　*自分の教科書に出ている時刻をたずねる文とその答えの文を書こう。*

●

日本語の意味を表す英文にしよう。

★ 4時10分です。　　　→It's（　　　　　）（　　　　　）.

★ 1時（ちょうど）です。→It's（　　　　　）（　　　　　）.

★ 8時30分です。　　　→

★ 朝の6時です。　　　→

★ 午後2時です。　　　→

> **詳しく!**
> 「～時（ちょうど）だ」は，It's ～ o'clock.で表す。o'clockを省略して数だけで表してもOK。
>
> 「7時です。」
> It's seven o'clock.
> It's seven.

✏日本語の意味を表す英文にしよう。

★ 何時ですか。— 5時20分です。

→ ＿＿＿＿＿＿＿＿＿＿＿＿＿＿　—　＿＿＿＿＿＿＿＿＿＿

「何時に〜しますか」の文と答え方

what time?

What time do you get up?　（あなたは何時に起きますか。）
— I get up at six.　（私は6時に起きます。）

◎「あなたは何時に〜しますか」は　　　　　do you 〜?

　　　　でたずねる。

◎「…時に（〜します）」と答えるときは、　　　　のあとに時刻を続けて表す。

　　　└「〜時ごろに」だったら (at) about [around] 〜

時刻を答えるとき、前の語句(I get up)を省略して、At six.と時刻の部分だけを短くいうこともある。

・一日の流れ・

get up（起きる）　have breakfast（朝食を食べる）

get home（家につく）ただいま〜　take a bath（ふろに入る）　go to bed（寝る）ファ〜

✏日本語の意味を表す英文にしよう。

★ あなたは何時に家を出ますか。— 7時50分です。

　→（　　　　・　　　）（　　　　　　　） do you leave home?

　—（　　　　　　　） seven fifty.

★ あなたのお父さんは何時に帰宅しますか。— 10時ごろに帰宅します。

　→（　　　　　） time（　　　　　　　） your father get home?

　— He gets home at（　　　　　　　） ten.

★ あなたはたいてい何時に寝ますか。— 11時ごろに寝ます。

　→

　—

単語Check!

□

□

□

24 What day 〜？の文（曜日，日付）

曜日のたずね方と答え方

> **What day is it today?**　（今日は何曜日ですか。）
> ― **It is Tuesday.**　（火曜日です。）

◉「今日は何曜日ですか。」は　　　　　　　　is it today?
　　でたずねる。

◉答え方…it を主語にして，　　　〜　．　の形で曜日を答える。
　　　　　　　　　　　　It is の短縮形を入れよう

✏空所に適する英語を書こう。

曜日の言い方	
日曜日 _____	木曜日 _____
月曜日 _____	金曜日 _____
火曜日 _____	土曜日 _____
水曜日 _____	

曜日は必ず大文字で書き始める。

✏日本語の意味を表す英文にしよう。

★ 今日は何曜日ですか。―金曜日です。

→ _____ ― _____

きんようび
いやっ ほーい

日付のたずね方と答え方

> **What is the date today?**　（今日は何月何日ですか。）
> ― **It is October 5.**　（10月5日です。）

What is の短縮形を使おう

◉「今日は何月何日ですか。」は
　　でたずねる。
　　　　　　　　　　It is の短縮形を入れよう

◉答え方…it を主語にして，　　　〜　．　の形で日付を答える。

◉日付は「月」「日」の順で表す。「日」は序数で読む。

序数は「1番目，2番目…」と順番を表すときに使う。one, two…などのふつうの数（基数）と使い分ける。

✎空所に適する英語を書こう。

月の言い方　＊月は必ず大文字で書き始める。		
1 月	5 月	9 月
2 月	6 月	10 月
3 月	7 月	11 月
4 月	8 月	12 月

> 序数は、4以降はふつうの数に th をつけるのが基本だけど、5, 8, 9, 12, 20 などはつづりが変わるので要注意。

✎空所に適する英語を書こう。

序数		
1 番目	9 番目	17 番目　seventeenth
2 番目	10 番目	18 番目　eighteenth
3 番目	11 番目　eleventh	19 番目　nineteenth
4 番目　fourth	12 番目	20 番目
5 番目	13 番目　thirteenth	21 番目
6 番目　sixth	14 番目　fourteenth	29 番目　twenty-ninth
7 番目　seventh	15 番目	30 番目
8 番目	16 番目	31 番目

✎日本語の意味を表す英文にしよう。

★ 今日は何月何日ですか。—3 月 21 日です。

→（　　　　　） the （　　　　　） today?

—（　　　　　） March 21.

> **ミス注意!**
> 「日」は数字で書くことが多いけど、読むときは必ず序数！ 21 は (the) twenty-first と読む。

・特別な使い方をする it。

時刻　It's five o'clock.
（5 時です。）

季節　It's summer now.
（今は夏です。）

天候　It's cold today.
（今日は寒いです。）

単語Check!

☐

☐

☐

21 Who, Whose, Whichの文

Who ～?の文

単語Check!

☐

☐

☐

Who is that boy? （あの少年はだれですか。）
— He is my friend, Bill. （彼は私の友達のビルです。）

☐

☐

☐

◎「だれ」という意味の疑問詞は　　　　　で，いつも文の最初にくる。
◎「～はだれですか」は　　　　　～?　　でたずねる。 Who isの短縮形を入れよう
◎答え方…He's ～. などの形でその人の名前や立場などを答える。

教科書Check! ✎自分の教科書に出ているWho ～?の文とその答えの文を書こう。
●

詳しく!
「だれが～しますか」とたずねるときは，Who cooks dinner?（だれが夕食を作りますか。）のように，Whoを主語にしてそのまま動詞を続ける。Whoは3人称単数あつかい。

✎日本語の意味を表す英文にしよう。

★この写真の男性はだれですか。―彼は私の父です。
　→(　　　　　) the man in this picture? — He's my father.

★だれがピアノをひきますか。―アンです。
　→(　　　)(　　　　　) the piano? — Ann (　　　　　).

前に出た動詞のくり返しをさける語。ここでは, plays (the piano)の代わり。

Whose ～?の文

Whose notebook is this? （これはだれのノートですか。）
— It is Ken's. （健の〈もの〉です。）

ポエムノート
Ken

◎「だれの」という意味の疑問詞は　　　　　で，あとに名詞を続ける。
◎「だれの～ですか」は　　　　　～?　　でたずねる。
◎答え方…mine（私のもの），～'s（～のもの）などで持ち主を答える。
　　73ページ参照

〈人名+'s〉は,「～の」という意味のほか, 1語で「～のもの」という意味も表す。

66

単語check!

☐ ☐ ☐ ☐ ☐

教科書check! 📝自分の教科書に出ているWhose 〜?の文とその答えの文を書こう。

●

📝日本語の意味を表す英文にしよう。

★ これはだれのペンですか。―私のです。

→（　　　　　） pen is this? — It's（　　　　　）.

★ あれはだれのかばんですか。―それはトム（Tom）のです。

→　　　　　　　　　　　　　　　—

Which 〜?の文

どっち
じゃ〜

Which bag is yours? （どのかばんがあなたのですか。）
― The small one is. （その小さいのです。）

◎「どちら，どれ」という意味の疑問詞は　　　　　　　。whichの
あとに名詞を続けると，「どちらの，どの〜?」という意味。

◎「どちらが〜ですか」は　　　　　　　〜?　でたずねる。

◎「あなたはどちらを〜しますか」は　　　　　　　〜?
でたずねる。

◎答え方…具体的に選んだものを答える。

詳しく!
代名詞のoneは，前に出
た名詞の代わりをして〈a＋
名詞〉と同じ働きをする。

📝日本語の意味を表す英文にしよう。

★ 紅茶とコーヒーなら，どちらがほしいですか。―紅茶がほしいです。

→（　　　　　） do you want, tea（　　　　　） coffee?

— I want tea.

★ どのバスが駅へ行きますか，これですかあれですか。―あのバスです。

→（　　　　　） bus goes to the station, this one or that one?

— That one does.

whichの疑問文の最後に
A or B（AかBか）をつけ
て，2つの中から選ばせ
る言い方。

67

26 When, Whereの文

When ～?の文

□
□
□

> **When** is the festival?　（お祭りはいつですか。）
> — Next Friday.　（次の金曜日です。）

□

◎「いつ?」と時をたずねる疑問詞は＿＿＿＿＿＿。

◎「～はいつですか」は＿＿＿＿＿ ～? でたずねる。
　└ When isの短縮形を入れよう

□

◎「あなたはいつ～しますか」は＿＿＿＿＿＿ ～?

　でたずねる。

◎答え方…具体的に時を答える。

> 3人称単数の主語なら，
> When does ～?の形。

✐空所に適する英語を書こう。

時を表す語句			
朝に，午前中に	＿＿＿ the morning	放課後に	＿＿＿ school
夕食前に	＿＿＿ dinner	夕食後に	＿＿＿ dinner
日曜日に	＿＿＿ Sunday	6月に	＿＿＿ June

✐日本語の意味を表す英文にしよう。

★あなたの誕生日はいつですか。—8月13日です。

　→（　　　　　　） your birthday?

　— It's（　　　　　） 13.

★あなたはいつ宿題をしますか。—夕食後です。

　→（　　　　　）（　　　　　） you do your homework?

　—（　　　　　）（　　　　　）.

★日本では新学期はいつ始まりますか。—4月です。

　→（　　　　　）（　　　　　） the school year start in Japan?

　—（　　　　　）（　　　　　）.

in
summer
（夏に）

on
January
1
（1月1日に）

Where ～?の文

> # Where is my bag? （私のかばんはどこにありますか。）
> # ― It is on the desk. （机の上にあります。）

> 「どこの出身?」と相手にたずねるときは Where are you from?といえばよい。

- ○「どこ?」と場所をたずねる疑問詞は ＿＿＿＿＿＿＿＿。
- ○「～はどこですか」は ＿＿＿＿＿ ～? でたずねる。
  - └ Where isの短縮形を入れよう
- ○「あなたはどこで～しますか」は ＿＿＿＿＿＿＿＿＿＿＿ ～? でたずねる。

> 3人称単数の主語なら，Where does ～?の形。

- ○答え方…具体的に場所を答える。

✎空所に適する英語を書こう。

場所を表す語句			
かばんの中に	the bag	机の上に	the desk
いすの下に	the chair	ドアのそばに	the door
公園で	the park	この近くに	
東京に	Tokyo	向こうに	
学校で	school		

教科書check! ✎自分の教科書に出ている Where ～?の文とその答えの文を書こう。

単語check!
- ☐
- ☐
- ☐

✎日本語の意味を表す英文にしよう。

★ あなたのねこはどこにいますか。― いすの下にいます。

→（　　　　　　　） your cat? ― It's （　　　　　　　） the chair. ☐

★ 彼ら（かれら）はどこでバスケットボールをしますか。― 体育館です。

→（　　　　　）（　　　　　　　） they play basketball? ☐

― （　　　　　　　） the gym.

27 How の文

いろいろな How ～? の文

□

□

□

How is the weather in London?

（ロンドンの天気は**どう**ですか。）

― It is sunny.　　（晴れています。）

□

□

◎「どう？」と様子や天気をたずねるときは　　　　　　　を使う。

◎「～はどうですか」は　　　　　　　～? 　　でたずねる。　　How is の短縮形を入れよう

◎「天気はどうですか」は　　　　　　　　　　　でたずねる。

🖊日本語の意味を表す英文にしよう。

★お母さんはお元気ですか。―とても元気です。

→（　　　　　　　） is your mother? ― She's just fine.

★京都の天気はどうですか。―今日は雨です。

→

　―

How do you come to school?

（あなたは**どうやって**学校に来ますか。）

― By bus.　（バスでです。）

◎how は手段や方法をたずねるときにも使う。

◎「あなたはどのように～?」は　　　　　　　～? でたずねる。

◎答え方…「（交通手段を示して）～で」→　　　　　～ の形などを使う。
　　　　　by bike（自転車で）や by bus（バスで）など

🖊日本語の意味を表す英文にしよう。

★彩はどのようにして駅へ行きますか。―自転車でです。

→（　　　　　　）does Aya go to the station? ― （　　　　　　　） bike.

★あなたはどうやって学校へ行きますか。―歩いて行きます。

→（　　　　　）do you go to school? ― I （　　　　　　　） to school.

詳しく！

天気を表す語には，
・sunny（晴れた）
・rainy（雨の）
・cloudy（くもりの）
などがある。

詳しく！

「私はどうすれば～
できますか」とやり
方をたずねるときは，
How can I ～? で
たずねる。

・How can I get to
Tokyo Station?
（東京駅へはどうやって
行けますか。）

How much 〜？などの文

How much is this shirt?
（このシャツは**いくら**ですか。）

— It is 20 dollars.　（20ドルです。）

● How many 〜？（いくつの〜？）と同じように，Howのあとに形容詞
や副詞を続けて，「どのくらいの〜」などとたずねることができる。

程度をたずねるHow

✎空所に適する英語を書こう。

値段・量	＿＿＿＿＿＿ is this bag? （このかばんはいくらですか。） — It's five thousand yen.　（5000円です。）
長さ	＿＿＿＿＿＿ is the class? （授業はどのくらいの長さですか。） — Fifty minutes (long).　（50分です。）
年齢・古さ	＿＿＿＿＿＿ are you?　（あなたは何歳ですか。） — I'm thirteen (years old).　（13歳です。）

How longは，ものの長さ
を聞くときにも使う。
How long is this river?
（この川はどのくらいの長
さですか。）

How old
are you?

✎日本語の意味を表す英文にしよう。

★この腕時計はいくらですか。— 70ドルです。

→

　— It's seventy dollars.

★あの橋はどのくらいの長さですか。—約100メートルです。

→

　— It's about one hundred meters long.

★あなたの学校は創立何年［どのくらい古い］ですか。—約50年で
す。

→

　— About fifty years old.

How oldはものの古さを
たずねるときにも使う。

28 いろいろな代名詞

代名詞の働き

☐

That is my friend, Judy. I like her.

（あちらは私の友人のジュディーです。私は**彼女**（かのじょ）が好きです。）

☐

☐

(1) 代名詞

☐

◉ 代名詞とは，he（彼）（かれ），she（彼女），it（それ）など，具体的な名詞
の代わりに使われることばのこと。

☐

◉ 文の中での働きによって形が変わる。

・「～は」（主語になる）…主格

・「～の」（所有を表す）…所有格

・「～を」「～に」（動詞の目的語になる）…目的格

代名詞

✐空所に適する英語を書こう。

単数				複数			
	～は	～の	～を,～に		～は	～の	～を,～に
私	I			私たち	we		
あなた	you			あなたたち	you		
彼	he			彼ら			
彼女	she			彼女たち	they		
それ	it			それら			

教科書check! ✐自分の教科書に出ているhimやher（目的格）を使った文を書こう。

●

✐空所に適する１語の代名詞を書こう。

★ Tom and I are good friends. （　　　　　　　） are in the same class.

（トムと私は親友です。私たちは同じクラスです。）

★ Those girls are Lisa and Beth. Do you know （　　　　　　　）?

（あれらの女の子はリサとベスです。あなたは彼女たちを知っていますか。）

仲良しすぎるよねー

No.

✎日本語の意味を表す英文にしよう。

★ あれは彼らの学校です。 →That is (   ) school.

★ これは彼のラケットです。→This is (   ) racket.

★ 私たちを手伝ってください。→Please (   ) (   ).

★ 私を見てください。 →Look (   ) (   ).

詳しく!
at や with などの前置詞のあとに代名詞が1語だけ続くときは，目的格を使う。

(2) 「～のもの」を表す代名詞

○ 所有代名詞は1語で「～のもの」という意味を表す。Whose ～?
(だれの～ですか)の文の答えでよく使う。

単語Check!

☐

☐

☐

☐

☐

Whose bag is this?
(これは だれの かばんですか?)

It's mine.
(私のです。)

所有代名詞

✎空所に適する英語を書こう。

単数	(私のもの)	(あなたのもの)	(彼のもの)	(彼女のもの)
複数	(私たちのもの)	(あなたたちのもの)	(彼らのもの・彼女らのもの)	

✎日本語の意味を表す英文にしよう。

★ このぼうしは彼女のものです。

→This hat is (   ).

★ あれはだれの自転車ですか。— 私のです。

→(   ) bike is that? — It's (   ).

No.

29 現在進行形の文

現在進行形の文

He **is playing** the guitar in his room.
（彼（かれ）は部屋でギターを**ひいています。**）

(1) 現在進行形とは

現在形と現在進行形

✎空所に適する英語を書こう。

現在形
→ふだんすること，習慣でして
　いることを表す

She [　　　　] tennis.
（彼女（かのじょ）は〈ふだん〉テニスをします。）

現在進行形
→ある動作を今している最中である
　ことを表す

She is [　　　　] tennis.
（彼女は〈今〉テニスをしています。）

- 現在形は「ふだん～する」のように習慣を表す。
- 現在進行形は「今～しているところ」のように進行中の動作を
  表す。

★ 現在進行形の形

主語	be動詞	～ing	
I	am		
You We They	are	doing など	～
He She	is		

→be動詞のあとに～ing。

(2) 現在進行形の文の形

- be動詞のあとに動詞の ing形 を続ける。
  主語によってam, are, isを使い分ける

動詞の原形にingを
つけた形。（次ペー
ジ参照）

現在形	I		watch	TV with my mother.	（私は母とテレビを見ます。）
現在進行形	I	[　　] [　　]		TV with my mother.	（私は母とテレビを見ています。）

be動詞　動詞のing形

Date

単語Check!

教科書Check!　✏自分の教科書に出ている現在進行形の文を書こう。
　　●

☐

☐

✏日本語の意味を表す英文にしよう。

★私は，たいてい夕食後は本を読みます。
　→I usually (　　　　　) a book after dinner.

★私は音楽を聞いているところです。
　→I (　　　　) (　　　　　　　) to music.

☐

☐

☐

(3) 動詞のing形の作り方

✏次の動詞をing形にしよう。

◉ふつうは動詞の最後にそのままingをつける。

play (スポーツなどをする) → (　　　　)　　cook (料理する) → (　　　　)

read (読む) → (　　　　)　　study (勉強する) → (　　　　)

wait (待つ) → (　　　　)　　talk (話す) → (　　　　)

マイ単語　　　　　 → (　　　　)

I'm singing!!

◉eで終わる動詞→最後のeをとってingをつける。

write (書く) → (　　　　)　　make (作る) → (　　　　)

use (使う) → (　　　　)　　drive (運転する) → (　　　　)

◉最後の1字を重ねてingをつける。

run (走る) → (　　　　)　　swim (泳ぐ) → (　　　　)

put (置く) → (　　　　)

ミス注意!
ingは動詞の原形につける。主語が3人称単数の場合は注意。
✕ Sam is *playsing* tennis.
○ Sam is playing tennis.
(サムはテニスをしています。)

✏日本語の意味を表す英文にしよう。

★リサは自分の部屋で数学を勉強しています。
　→Lisa (　　　　) (　　　　　) math in her room.

★健 (Ken) は手紙を書いています。
　→

★私たちは彼を待っています。
　→

ワクワク…

サンタさーん

30 進行形にしない動詞／現在進行形の否定文

進行形にしない動詞

☐
☐
☐
☐
☐

We **have** two cats.

（私たちはねこを2匹（ひき）飼っています。）

◉ 状態を表す動詞はふつう進行形にしない。

動作を表す動詞と状態を表す動詞

動作を表す動詞
→進行形にできる

コレ！

cook
（料理をする）

wash
（洗う）

walk
（歩く）

listen
（聞く）

✐空所に適する英語を書こう。

状態を表す動詞→進行形にしない

（知っている）	（好きである）
（持っている）	（ほしがっている）

like　　have

詳しく！

haveは、「持っている」「飼っている」という意味の場合は、状態を表すので進行形にしない。「食べる」「飲む」という意味の場合は、動作を表すので進行形にできる。

✐日本語の意味を表す英文にしよう。

★ 私たちは彼（かれ）を知っています。

→ We（　　　　　　）him.

★ アンはねこをほしがっています。

→ Ann（　　　　　　）a cat.

★ 彼は新しいカメラを持っています。

→ He（　　　　　　）a new camera.

★ 由美は朝食を食べているところです。

→ Yumi（　　　　　）（　　　　　　）breakfast.

「〜ている」という日本語のいい方にまどわされないこと！

ビシッ

現在進行形の否定文

Ken is **not** watching TV.

（健はテレビを見てい**ません**。）

○現在進行形の否定文（～していません）は，be動詞と動詞のing形
の間に _____ を入れる。

✏否定文に書きかえよう。

★ I'm cooking now.　（私は今料理をしています。）

→I'm（　　　　　　）（　　　　　　　　　）now.

★ Lisa is watching TV.　（リサはテレビを見ています。）

→Lisa（　　　　　　）（　　　　　　　）TV.

★ They are running.　（彼らは走っています。）

→They（　　　　　　）（　　　　　　　）.

✏[　　　]内の語を並べかえて，日本語の意味を表す英文にしよう。

★トムは音楽を聞いていません。

[not / listening / Tom / music / is / to].

→

★私はこのコンピューターを使っていません。

[this / not / using / I'm / computer].

→

✏日本語の意味を表す英文にしよう。

★私たちは泳いでいません。

→

★ポール (Paul) は自分の部屋で勉強をしていません。

→

31 現在進行形の疑問文

現在進行形の疑問文と答え方

☐

☐

☐

☐

☐

Is Tom using my dictionary?
（トムは私の辞書を使っていますか。）

— Yes, he is. / No, he is not.
（はい，使っています。／いいえ，使っていません。）

◉「〜していますか」「〜しているところですか」という現在進行形の
　疑問文は，be動詞で文を始める。

◉答え方… be動詞 を使って答える。

> ふつうのbe動詞の
> 疑問文と答え方は同じ。

| ふつうの文 | Ken is sleeping in his room. | （健は部屋で眠っています。） |

| 疑問文 | ☐ Ken ☐ in his room? | （健は部屋で眠っていますか。） |

be動詞で文を始める　　ing形はそのまま

教科書check!　✎自分の教科書に出ている現在進行形の疑問文とその答えの文を書こう。

●

✎疑問文に書きかえよう。

★ You are watching TV.　（あなたはテレビを見ています。）

　→（　　　　　　）you（　　　　　　　　）TV?

★ Your brother is washing the dishes in the kitchen.

　（あなたのお兄さんは台所で皿を洗っています。）

　→（　　　　　　　）your brother（　　　　　　　）the dishes in

　the kitchen?

疑問文はbe動詞で始める！
私が先
be動詞　主語

🖊疑問文にYesとNoで答えよう。　　　　　　　　　　　　　単語Check!

★ Are you reading a book, Sam?　　　　　　　　　　□

（あなたは本を読んでいるのですか，サム。）

— 　　　　　　　　　　　　　　　　　　　　　　　□

（はい，読んでいます。）

— 　　　　　　　　　　　　　　　　　　　　　　　□

（いいえ，読んでいません。）

★ Is your sister doing her homework?　　　　　　　□

（あなたの妹さんは宿題をしているのですか。）

— 　　　　　　　　　　　　　　　　　　　　　　　□

（はい，しています。）

—

（いいえ，していません。）

🖊[　　　]内の語を並べかえて，日本語の意味を表す英文にしよう。

★由美は彼らと話しているのですか。

[Yumi / with / is / them / talking]?

→

★彼は着がえているのですか。

[clothes / changing / his / he / is]?

→

🖊日本語の意味を表す英文にしよう。

★あなたたちは，台所で昼食を作っているのですか。

→

★ジョン（John）は今，ギターを練習していますか。

→

★ 現在進行形の疑問文

be動詞	主語	～ing	
Are	you	doing など	～？
	they など 複数		
Is	he / she などの 3人称単数		

→be動詞で文を始める。

32 What are you doing? の文など

疑問詞で始まる現在進行形の疑問文と答え方

☐
☐
☐
☐
☐

> # **What** are you **doing**?
>
> （あなたは（今）何をしていますか。）
>
> # ― I am writing an e-mail.
>
> （私はメールを書いています。）

(1) Whatで始まる疑問文

◎「あなたは（今）何をしていますか。」は

_____ でたずねる。

◎ 答え方…現在進行形を使って，今していることを答える。

◎ doing をほかの動詞のing形に変えて，「何を〜していますか。」な
どとたずねることもできる。

> What are you making?
> （あなたは何を作っていま
> すか。）など。

| 疑問文 | Are you cooking? （あなたは料理をしていますか。） |

文のはじめに　　　何？

Whatの 疑問文	[　　　] are you [　　　]? （あなたは何をしていますか。）
	この疑問文には具体的に「何をしているか」を答える
	[　　　] are you [　　　]? （あなたは何を料理していますか。）
	この疑問文には具体的に「何を料理しているか」を答える

✎日本語の意味を表す英文にしよう。

★あなたは何をしていますか。― 私は宿題をしています。

→（　　　　　） are you （　　　　　　）?

―（　　　　　）（　　　　　　　） my homework.

★あなたは何を飲んでいますか。― 私は牛乳を飲んでいます。

→（　　　　　） are you （　　　　　　）?

―（　　　　　）（　　　　　　　） milk.

間に合わ
ない…

マイ例文 ✐自分のことについて, 次の英語の質問に英語で答えよう。　　　　　単語Check!

★ Are you studying in your room?　（あなたは自分の部屋で勉強していますか。）　☐

　→

★ What are you doing?　（あなたは何をしていますか。）　☐

　→

☐

(2) Whoで始まる疑問文

● 「だれが〜していますか」は, _____　is 〜ing? で　☐

　たずねる。

● 答え方…Ken is.（健です。）のように, 主語とbe動詞で,　☐

　　　だれがしているのかを答える。

疑問文	文の はじめに	**Is Ann running in the gym?**	（アンは体育館で走っていますか。）
Whoの 疑問文	だれ？	running in the gym?	（だれが体育館で走っていますか。）

現在進行形の文を続ける

> Whoが文の主語になっている。

✐日本語の意味を表す英文にしよう。

> **ミス注意!**
> Whoは3人称単数あつかいの語なので, be動詞はisを使う。

★だれが教室で歌っていますか。— 由紀（Yuki）です。

　→（　　　　　）（　　　　　）（　　　　　） in the classroom?

　— Yuki（　　　　　）.

★だれが向こうで泳いでいますか。— ジョン（John）です。

　→（　　　　　）（　　　　　）（　　　　　） over there?

　— John（　　　　　）.

✐[　　] 内の語を並べかえて, 日本語の意味を表す英文にしよう。

★だれがそのカメラを使っていますか。

　[using / the / who / is / camera]?

　→

81

確認テスト④

●目標時間：３０分　●１００点満点　●答えは別冊 25 ページ

1 次の英文の[　]内から適する語を選び，記号を○で囲みなさい。　〈3点×5〉

(1) He's [ア watch　イ watches　ウ watching] TV in the living room.

重要 (2) [ア Is　イ Are　ウ Does] your mother cooking in the kitchen?

(3) Look at that boy.　Do you know [ア he　イ his　ウ him]?

(4) This isn't your pen.　It's [ア my　イ me　ウ mine].

(5) A: How [ア many　イ much　ウ old] is this shirt?

　　 B: It's fifty dollars.

重要 2 次の[　]に適する語を入れて，会話文を完成させなさい。　〈3点×6〉

(1) A: [　　　　　] [　　　　　　　　] is it today?　— B: It's Tuesday.

(2) A: [　　　　　　] do you practice the piano?　— B: Before dinner.

(3) A: [　　　　　　] do you play basketball?　— B: In the gym.

(4) A: [　　　　　　] notebook is yours?　— B: The blue one.

(5) A: [　　　　　　] do they go to school?　— B: By bus.

(6) A: [　　　　　　] is that girl over there?　— B: She's Ken's sister.

3 次の[　]内の語を適する形にして，[　]に書きなさい。　〈4点×6〉

(1) Yumi is [　　　　　　　] with Ms. White.　[talk]

重要 (2) We're [　　　　　　] lunch in the cafeteria.　[have]

(3) He's [　　　　　　] in the sea.　[swim]

(4) They're [　　　　　　] in the park.　[run]

重要 (5) Come with [　　　　　　].　[we]

(6) Let's wait for [　　　　　　].　[they]

4 次の[　]内の語を並べかえて，日本語の意味を表す英文を作りなさい。　〈4点×4〉

(1) これはだれのノートですか。　[whose / this / notebook / is]?

〔　　　　　　　　　　　　　　　　　　　　　　　　　　　　　　　〕

(2) 今日は何月何日ですか。　[today / the / what's / date]?

〔　　　　　　　　　　　　　　　　　　　　　　　　　　　　　　　〕

(3) 彼らは何を作っているのですか。　[are / making / what / they]?

〔　　　　　　　　　　　　　　　　　　　　　　　　　　　　　　　〕

(4) だれがあなたの学校で数学を教えていますか。

[at / school / who / math / your / teaches]?

〔　　　　　　　　　　　　　　　　　　　　　　　　　　　　　　　〕

5 次の英文を[　]内の指示にしたがって書きかえなさい。　〈4点×3〉

重要 (1) Ann is helping her mother.　[否定文に変えて]

〔　　　　　　　　　　　　　　　　　　　　　　　　　　　　　　　〕

(2) This is my bike.　[This bike を主語にして，ほぼ同じ内容を表す文に]

〔　　　　　　　　　　　　　　　　　　　　　　　　　　　　　　　〕

(3) Jim gets up <u>at seven</u>.　[下線部をたずねる疑問文に]

〔　　　　　　　　　　　　　　　　　　　　　　　　　　　　　　　〕

6 右の絵は健(Ken)の部屋の様子を表したものです。絵の内容に合うように，次の問いに英語で答えなさい。　〈5点×3〉

(1) Where is the bag?

〔　　　　　　　　　　　　　〕

(2) What time is it?

〔　　　　　　　　　　　　　〕

(3) What is Ken doing?

〔　　　　　　　　　　　　　〕

83

33 一般動詞の過去の文と否定文

一般動詞の過去の文

> # I played tennis yesterday.
>
> （私は昨日，テニスをしました。）
>
> # Amy went to the park last Sunday.
>
> （エイミーはこの前の日曜日に公園に行きました。）

◎過去のことをいうときは，動詞を過去形にする。

単語Check!

✐この単元にあたる教科書の新出単語とその意味を書こう。

☐

☐

☐

(1) 規則動詞の過去形　✐空所に適することばを書こう。

動詞	過去形の作り方		例	
ふつうの動詞	最後に　　　　　をつける		visit（訪れる）　→(	)
e で終わる動詞	最後に　　　　　をつける		live（住む）　→(	)
study や try など	y を i に変えて　edをつける		study（勉強する）→(	)
stop や plan など	最後の 1 文字を重ねて　edをつける		stop（やめる）　→(	)

✐次の動詞を過去形にしよう。

watch（見る）　→(　　　　　　　)　　look（見る）　→(　　　　　　　)

use（使う）　→(　　　　　　　)　　like（好きだ）→(　　　　　　　)

plan（計画する）→(　　　　　　　)　　try（ためす）→(　　　　　　　)

マイ単語（　　　　　　　　　　）　→　（　　　　　　　　　　）

ミス注意!

yをiに変えるのは，語尾が〈子音字＋y〉のとき。〈母音字＋y〉のときは，そのままedをつける。

play → played　×plaied
enjoy → enjoyed　×enjoied
stay → stayed　×staied

(2) 不規則動詞の過去形

◎ go（行く）→went，come（来る）→cameのように，1 語 1 語形が異なる。

✐次の動詞を過去形にしよう。

see（見る）　　→(　　　　　)　　make（作る）　→(　　　　　)

have（持っている）→(　　　　　)　　write（書く）　→(　　　　　)

do（する）　　→(　　　　　)　　get（手に入れる）→(　　　　　)

マイ単語（　　　　　　　　　　）　→　（　　　　　　　　　　）

★ 過去を表す語句

・yesterday（昨日）
・then（そのとき）
・last ～（この前の～）
・～ ago（～前に）

✏日本語の意味を表す英文にしよう。

★ サラは先週，京都を訪れました。

→ Sarah (　　　　　　　) Kyoto (　　　　　) week.

★ 彼_{かれ}らは 10 年前，日本へ来ました。

→ They (　　　　　　) to Japan ten years (　　　　　).

マイ例文 ✏自分が昨日の夜にしたことを，英語で書こう。

→ _____ last night.

一般動詞の過去の否定文

I did not watch TV last night.

(私は昨夜，テレビを**見ませんでした**。)

> 規則動詞でも不規則動詞でも，否定文の作り方は同じ。どちらも動詞の原形の前に didn't。
> ・He didn't study last night.
> (彼は昨夜,勉強しませんでした。)
> ・I didn't swim last summer.
> (私はこの前の夏は泳ぎませんでした。)

○「〜しませんでした」という否定文は，動詞の原形の前に

_____ を入れる。

did not の短縮形を入れよう

ふつうの文	Mike		came	here yesterday.	(マイクは昨日，ここに来ました。)
		動詞の前に入れる↓	↓動詞は原形		
否定文	Mike	[　　]	[　　]	here yesterday.	(マイクは昨日，ここに来ませんでした。)

✏否定文に書きかえよう。

★ I walked to school yesterday.

→

> 動詞を原形にするのを忘れない。
> × Mike didn't *went* 〜.
> ○ Mike didn't <u>go</u> 〜.

★ He had breakfast this morning.

→

★ Lisa did her homework last night.

→

34 一般動詞の過去の疑問文

一般動詞の過去の疑問文と答え方

Did you **watch** the soccer game last night?

（あなたは昨夜，サッカーの試合を**見ましたか**。）

— Yes, I **did**. / No, I **did not**.

（はい，**見ました**。／いいえ，**見ませんでした**。）

- ◎「～しましたか」という疑問文は　　　　　　　で文を始め，動詞は原形
- ◎答え方…「はい」 → Yes, ～　　　　　.
- 「いいえ」 → No, ～　　　　　.

> 答えの文でも，主語に関係なく，did, didn'tを使う。

| ふつうの文 | Mike | came | here yesterday. | （マイクは昨日，ここへ来ました。） |
| 疑問文 | 文の最初に | Mike | 動詞は原形　here yesterday? | （マイクは昨日，ここへ来ましたか。） |

✏️日本語の意味を表す英文にしよう。

> 過去の文では，主語が3人称単数でも疑問文の作り方は同じ。Didで文を始める。
> ・Did you play the guitar?
> （あなたはギターをひきましたか。）
> ・Did he eat breakfast?
> （彼は朝食を食べましたか。）

★あなたは京都を訪れましたか。— はい，訪れました。

→（　　　　　） you （　　　　　） Kyoto?

—（　　　　　）, I （　　　　　）.

★彼は何か言いましたか。— いいえ，言いませんでした。

→（　　　　　） he （　　　　　） anything?

—（　　　　　）, he （　　　　　）.

単語Check!

★彼女は昨夜，お母さんを手伝いましたか。　☐

→　　　　　　　　　　　　　　　　last night?

★彼らは傘を持っていきましたか。— いいえ，持っていきませんでした。　☐

→　　　　　　　　　　　　their umbrellas?

—　　　　　　　　　　　　　　　　☐

例文 ✏️自分のことについて，次の英語の質問に英語で答えよう。　☐

★ Did you study English yesterday?　（あなたは昨日，英語を勉強しましたか。）

→　　　　　　　　　　　　　　　　☐

疑問詞で始まる疑問文

□

What did you do last Sunday?

（あなたはこの前の日曜日に**何をしました**か。）

□

●「あなたは何を〜しましたか」とたずねるときは，

_____ 〜 ? _____ でたずねる。

□

□

疑問詞を使う疑問文

🖊空所に適する英語を書こう。

(　　　　　　　) did you see him?
（あなたたちはいつ彼を見たのですか。）

(　　　　　　　) did she go?
（彼女はどこへ行ったのですか。）

(　　　　　　　) did you find it?
（あなたはどうやってそれを見つけたのですか。）

(　　　　　　　) painted this picture?
（だれがこの絵を描いたのですか。）

🖊[ ] 内の語句を並べかえて，日本語の意味を表す英文にしよう。

詳しく!

このWhoは文の主語なので，あとには動詞の過去形が続いている。

★あなたはいつピアノを練習しましたか。

[you / the piano / practice / when / did]?

→

★彼女は何時に起きましたか。— 6 時に起きました。

[did / she / up / what / get / time]?

　— [at / got / she / up / six].

→

—

答えの文では，動詞は過去形を使う!

★だれが昨日，夕食を作りましたか。— 私の兄です。

[dinner / yesterday / made / who]? — [did / my / brother].

→

—

35 be動詞の過去の文と否定文

be動詞の過去の文

I **was** busy yesterday.

（私は昨日，忙しかったです。）

We **were** in Kobe last week.

（私たちは先週，神戸にいました。）

◉「～でした」「～にいました」というときは，be動詞の過去形の

_____ か _____ を使う。

am, isの過去形　　areの過去形

> be動詞の過去形はwasと
> wereの2つだけ。

単語Check!

この単元にあたる教科書の新出
単語とその意味を書こう。

be動詞の使い分け

空所に適する英語を書こう。

主語	現在形	過去形
I	(　　　　)	(　　　　)
He / She / It など3人称単数	(　　　　)	(　　　　)
You や We / They など複数	(　　　　)	(　　　　)

教科書check!

自分の教科書に出ているwasの文を書こう。

●

日本語の意味を表す英文にしよう。

★私の父は20年前はサッカー選手でした。

→My father (　　　　　) a soccer player twenty years ago.

★この問題は私にはとても難しかったです。

→This question (　　　　　) very difficult for me.

★リサと私は昨夜，疲れていました。

→Lisa and I (　　　　　) tired last night.

> Lisa and I は複数の主語！
> LisaとIがそれぞれ単数
> だからといって，wasとし
> ない。

✎[　]内の語句を並べかえて，日本語の意味を表す英文にしよう。

★ この本は10年前は人気がありました。

[this / popular / ten years ago / was / book].

→

★ 私たちはそのとき，空腹でした。

[hungry / were / at that time / we].

→

be動詞の過去の否定文

I was not sleepy then.

（私はそのとき，眠くありませんでした。）

be動詞の否定文は，be
動詞のあとにnotを入れ
るだけ。現在の文とルー
ルは同じ。

◉「～ではありませんでした」「～にはいませんでした」という否定文

は，was, wereのあとに　　　　　を入れる。

◉ was not の短縮形　→　　　　　　　

　 were not の短縮形　→　　　　　　　

✎日本語の意味を表す英文にしよう。

★ 彼女たちは生徒ではありませんでした。

→ They （　　　　　）（　　　　　） students.

★ 昨夜は暑くありませんでした。→ It （　　　　　） hot last night.

★ これらの本はおもしろくありませんでした。

→ These books （　　　　　） interesting.

ミス注意!

be動詞の否定文では，
didn'tは使わない。
「私は昨日，忙しくありま
せんでした。」
× I *didn't* busy yesterday.
○ I wasn't busy yesterday.

✎否定文に書きかえよう。

★ I was in China two weeks ago.

→

★ We were at home yesterday.

→

単語Check!

☐

☐

☐

☐

36 be 動詞の過去の疑問文

be 動詞の過去の疑問文と答え方

> ## Was this question easy?
> （この問題は簡単でしたか。）
>
> ## — Yes, it was. / No, it was not.
>
> （はい，簡単でした。／いいえ，簡単ではありませんでした。）

> 主語が these questions（複数）なら，Were these questions easy?（これらの問題は簡単でしたか。）となる。

◎「～でしたか」「～にいましたか」は，

＿＿＿＿＿～？ ，　＿＿＿＿＿～？ でたずねる。
（主語が3人称単数のとき）（主語がyouや複数のとき）

◎答えるときも，was，were を使う。

答え方

✎空所に適する英語を書こう。

◎ was か were かは答えの文の主語に合わせる！

Were you sleepy?
（あなたは眠かったですか。）
（はい）Yes, I （　　　　）.
（いいえ）No, I （　　　　）.

Were you in the kitchen?
（あなたたちは台所にいましたか。）
（はい）Yes, we （　　　　）.
（いいえ）No, we （　　　　）.

✎日本語の意味を表す英文にしよう。

★あなたは昨夜，家にいましたか。—いいえ，いませんでした。

→（　　　　）you at home last night?

—（　　　　）, I （　　　　）.

★これらのDVDはおもしろかったですか。—はい，おもしろかったです。

→（　　　　）these DVDs interesting?

— Yes,（　　　　）（　　　　）.

✎疑問文に書きかえよう。

★ It was cold this morning.

→

★ They were tired yesterday.

→

疑問詞で始まる疑問文

Where were you then?
（あなたはそのときどこにいましたか。）

─ I was in my room.
（私は自分の部屋にいました。）

○ What，Where などの疑問詞で文を始めて，そのあとにbe動詞の
　疑問文を続ける。

○「それは何でしたか。」なら，　　　　　　　　　　it? となる。

✎日本語の意味を表す英文にしよう。

★ サムのお気に入りの食べ物は何でしたか。─ さしみでした。

→（　　　　　）（　　　　　　　　） Sam's favorite food?

　　─ *Sashimi.*

★ 昨日の天気はどうでしたか。─ くもりでした。

→（　　　　　）（　　　　　　　） the weather yesterday?

　　─（　　　　　　）（　　　　　） cloudy.

★ だれが教室にいましたか。─ 美紀とジムです。

→ Who（　　　　　　　） in the classroom?

　　─ Miki and Jim were.

37 過去進行形の文

過去進行形の文

I **was watching** TV then.

（私はそのときテレビ**を見ていました**。）

○「（そのとき）～していました」は　　　　　　またはは

<u>主語がIや3人称単数のとき</u>　　　<u>主語がyouや複数のとき</u>

のあとに動詞のing形を続ける。

> ing形の作り方は75ページ参照。

過去形と過去進行形

✎空所に適する英語を書こう。

過去形→過去に行った動作・すでに終わった出来事

I ☐☐☐☐☐ you last night.

（私は昨夜，あなたに電話をしました。）

過去進行形→過去のある時点に進行中だった動作

I ☐☐☐☐ ☐☐☐☐☐ then.

（私はそのとき，眠（ねむ）っていました。）

教科書check! ✎自分の教科書に出ている過去進行形の文を書こう。

●

過去進行形の否定文

Lisa **was not** playing soccer.

（リサはサッカーをしていま**せんでした**。）

○「～していませんでした」という過去進行形の否定文は，

be動詞と動詞のing形の間に　　　　　　　を入れる。

○短縮形…was notは　　　　　　　　　，

were notは

> ★過去進行形でよく
> 使う語句
> ・then（そのとき）
> ・at that time
> （そのとき）
> ・at ～（～時に）

✏️日本語の意味を表す英文にしよう。

★ ぼくはコンピューターを使っていました。

→I （　　　　　　　）（　　　　　　　　　　） a computer.

★ 私たちはプールで泳いでいました。

→We （　　　　　　）（　　　　　　　　　　　） in the pool.

★ 田中さん (Mr. Tanaka) はそのとき歌っていませんでした。

→

★ 彼らはお皿を洗っていませんでした。

→

過去進行形の疑問文と答え方

Were you cleaning the room?
（あなたは部屋をそうじしていましたか。）

— Yes, I was.／No, I was not.
（はい，していました。／いいえ，していませんでした。）

◉「～していましたか」という過去進行形の疑問文は，be動詞の過去

形の　　Was　　か　　Were　　で文を始める。

◉ 答え方…ふつうの be 動詞の過去の疑問文と同じ。

◉「あなたは（そのとき）何をしていましたか。」は，

_____ でたずねる。

✏️日本語の意味を表す英文にしよう。

★ あなたは宿題をしていましたか。—はい，していました。

→（　　　　　　） you （　　　　　　　） your homework?

— （　　　　）, I （　　　　　）.

★ 彼は料理をしていましたか。—いいえ，していませんでした。

→（　　　　） he （　　　　　　　）? — （　　　　　）, he （　　　　　　　）.

★ あなたは何をしていましたか。

— 私はエマ (Emma) と話していました。

→

—

No.

38 There is ～.の文と否定文

There is ～. /There are ～.の文

> **There is** a pen on the desk.
>
> (机の上にペンが1本あります。)
>
> **There are** two pens on the desk.
>
> (机の上にペンが2本あります。)

> There is/There are に続く名詞がこの文の主語。主語が単数か複数かで, is, areを使い分ける。

● 「～があります」「～がいます」は,

主語が単数なら ＿＿＿＿＿＿＿ ～ . で,

主語が複数なら ＿＿＿＿＿＿＿ ～ . で表す。

> There isの短縮形はThere's。

> **ミス注意!**
>
> There is ～.のあとには, the, my, your, Ken'sなどがついた名詞は使えない。「健のかばんは机の上にあります。」は, 次のようにする。
> ○ Ken's bag is on the desk.
> × There is Ken's bag on the desk.

There is ～.とThere are ～.

📝 空所に適する英語を書こう。

There ( ) a banana.

(バナナが1本あります。)

There ( ) many bananas.

(バナナがたくさんあります。)

There is/There areの文でよく使われる場所を表す語句			
部屋の中に	( ) the room	いすの下に	( ) the chair
ベッドの上に	( ) the bed	公園の近くに	( ) the park

📕教科書check! 📝自分の教科書に出ているThere is ～. / There are ～.の文を書こう。

●

単語Check!

📝この単元にあたる教科書の新出単語とその意味を書こう。

☐

📝日本語の意味を表す英文にしよう。

★ 部屋の中に本が何冊かあります。

→( )( ) some books ( ) the room.

☐

★ 壁に絵がかかっています。

→( )( ) a picture ( ) the wall.

☐

★ 木の下に犬がいます。

→( )( ) a dog ( ) the tree.

☐

There was 〜. / There were 〜.の文

◉「〜がありました」「〜がいました」という過去の文は，

主語が単数なら 　　　　　　　〜 . 　　で，

主語が複数なら 　　　　　　　　〜 . 　　で表す。

✐[　]内の語句を並べかえて，日本語の意味を表す英文にしよう。

★公園には高い木がありました。

[the park / in / there / a tall tree / was].

→

★窓のそばに女の子が3人いました。

[girls / were / by / three / there / the window].

→

★この近くにレストランがいくつかありました。

[were / restaurants / near / some / there / here].

→

There is 〜. / There are 〜.の否定文

◉「〜がありません」「〜がいません」という否定文は，

主語が単数なら 　　　　　　　〜 . 　　で，
└ is not の短縮形を使おう

主語が複数なら 　　　　　　　　〜 . 　　で表す。
└ are not の短縮形を使おう

✐否定文に書きかえよう。

★ There is a calendar on the wall.

→ (　　　　) (　　　　　　　) a calendar on the wall.

★ There are some boys in the room.

→ (　　　　) (　　　　　　　) any boys in the room.

★ There were some flowers in the garden.

→ (　　　　) (　　　　　　　) any flowers in the garden.

単語Check!

☐ ☐ ☐ ☐ ☐

過去の文なら，
There wasn't 〜. ／
There weren't 〜.
となる。

詳しく!

There are[were] not any 〜 .は「〜は1つもありません[ありませんでした]」という意味。
この文は，There are[were] no 〜 .と表すこともできる。

「そこにはお店は1軒（けん）もありませんでした。」
・ There weren't any shops there.
・ There were no shops there.

95

39 There is 〜.の疑問文

There is 〜. / There are 〜.の疑問文と答え方

Is there a clock in the classroom?

（教室に時計**は**あります**か**。）

— Yes, there is. / No, there is not.

（はい，あります。／いいえ，ありません。）

> 過去の疑問文は，
> 単数→ Was there 〜?
> 複数→ Were there 〜?
> となる。

◎「〜はありますか」「〜はいますか」とたずねるときは，

主語が単数なら ＿＿＿＿＿ 〜? で，

主語が複数なら ＿＿＿＿＿ 〜? で表す。

✏空所に適する英語を書こう。

答え方					
疑問文	Yesの答え			Noの答え	
Is there 〜?	Yes, (	) (	).	No, (	) ( ).
Are there 〜?	Yes, (	) (	).	No, (	) ( ).
Was there 〜?	Yes, (	) (	).	No, (	) ( ).
Were there 〜?	Yes, (	) (	).	No, (	) ( ).

（Noの答え欄注記：there's not ともいう。）

✏疑問文に書きかえよう。

★ There is a pencil on the desk.

　→

★ There's a museum near here.

　→

★ There was a park by the river.

　→

★ There were some chairs in the room.

　→

単語Check!

□

□

□

□

> 「いくつかの」を表す some
> は否定文・疑問文ではふ
> つう any になる。

✏日本語の意味を表す英文にしよう。　　　　　　　　　　　単語Check!

★ この市には，動物園はありますか。―いいえ，ありません。　□

→（　　　　　　）（　　　　　　　　）a zoo in this city?

― No, （　　　　　　）（　　　　　　　）.　□

★ 箱の中に卵はたくさんありましたか。―はい，ありました。

→（　　　　　　）（　　　　　　　　）a lot of eggs in the box?　□

― Yes, （　　　　　　）（　　　　　　）.

★ この村には医師はいますか。―はい，います。　□

→（　　　　　　）（　　　　　　　　）any doctors in this village?

― Yes, （　　　　　　）（　　　　　　）.　□

「いくつありますか」とたずねる文　□

●「いくつ～がありますか」と数をたずねるときは，

＋名詞の複数形＋are there ～? で表す。

How many ～?
の文　　□　□　□ 　are there in this park?
　　　　　　　　　名詞の複数形　　（この公園にねこは何匹いますか。）
― □ □　four.　（4匹います。）
　　1つならis　　　具体的な数

✏日本語の意味を表す英文にしよう。

★ あなたの市には何人の人がいますか。

→　　　　　　　　　　　　　　　　　in your city?

★ 机の上には何冊の本がありますか。

→　　　　　　　　　　　　　　　　　on the desk?

★ あなたのクラブには何人の女の子がいましたか。

― 約20人いました。

→　　　　　　　　　　　　　　　　　in your club?

―

マイ例文 ✏友達に家族が何人いるか英語でたずねてみよう。

→

確認テスト⑤

/100

●目標時間：30分　●100点満点　●答えは別冊 26 ページ

1 次の英文の[　]内から適する語を選び，記号を○で囲みなさい。　　〈4点×4〉

(1) Miki was [ア plays　　イ played　　ウ playing] the guitar then.

重要 (2) [ア Do　　イ Did　　ウ Was] your brother watch TV last night?

(3) [(2)の答えとして] No, he [ア doesn't　　イ didn't　　ウ wasn't].

(4) There [ア is　　イ was　　ウ are] some children in the park.

2 次の日本文に合うように，〔　〕に適する語を入れなさい。　　〈4点×5〉

(1) 彼らは2時間前，教室にいました。

They 〔　　　　　　　〕 in the classroom two hours 〔　　　　　　　〕.

重要 (2) ジュディーは昨日，彼に電話をしませんでした。

Judy 〔　　　　　〕〔　　　　　　　　〕 him yesterday.

(3) 美香と私は昨日の5時にピアノの練習をしていました。

Mika and I 〔　　　　　　〕〔　　　　　　　　　〕 the piano at five yesterday.

(4) あなたはそのとき音楽を聞いていましたか。 — はい，聞いていました。

〔　　　　　　　〕 you 〔　　　　　　　　〕 to music then?

— Yes, I 〔　　　　　　　〕.

(5) この市には映画館がありますか。 — いいえ，ありません。

〔　　　　　　〕〔　　　　　　　　〕 a theater in this city?

— No, 〔　　　　　〕〔　　　　　　　　〕.

3 次の[　]内の語を適する形にして，〔　〕に書きなさい。　　〈4点×5〉

(1) I 〔　　　　　　　〕 around the park yesterday.　　　　[walk]

(2) My parents 〔　　　　　　　〕 tennis fans five years ago.　　[be]

(3) She was 〔　　　　　　〕 science then.　　　　　[study]

重要 (4) I 〔　　　　　〕 her at the station last night.　　　　[see]

(5) We were 〔　　　　　　〕 our homework in the library.　[do]

4 次の[　]内の語句を並べかえて，日本語の意味を表す英文を作りなさい。　〈4点×4〉

(1) 彼は昨日，写真をたくさんとりました。

[a / of / he / lot / took / pictures] yesterday.

〔　　　　　　　　　　　　　　　　　　　　　　　〕yesterday.

(2) あなたはどこでそのかばんを買いましたか。

[you / did / bag / that / where / buy]?

〔　　　　　　　　　　　　　　　　　　　　　　　〕

(3) 私はそのとき昼食を食べていませんでした。

[not / lunch / I / having / was] then.

〔　　　　　　　　　　　　　　　　　　　　　　　〕then.

(4) 壁に写真がかかっていますか。[the wall / are / on / any / there / pictures]?

〔　　　　　　　　　　　　　　　　　　　　　　　〕

5 次の英文を[　]内の指示にしたがって書きかえなさい。　〈4点×4〉

重要(1) I go to bed at ten every day. ［下線部をyesterdayに変えて］

〔　　　　　　　　　　　　　　　　　　　　　　　〕

(2) She was reading a book. ［疑問文に変えて］

〔　　　　　　　　　　　　　　　　　　　　　　　〕

(3) He came back from China last week. ［否定文に変えて］

〔　　　　　　　　　　　　　　　　　　　　　　　〕

(4) There was a post office near here. ［否定文に変えて］

〔　　　　　　　　　　　　　　　　　　　　　　　〕

6 次のようなとき，英語でどのように言えばよいですか。適する文を書きなさい。〈4点×3〉

重要(1) 友達に，この前の土曜日にしたことをたずねるとき。

〔　　　　　　　　　　　　　　　　　　　　　　　〕

(2) 友達に，昨日の9時にどこにいたのかをたずねるとき。

〔　　　　　　　　　　　　　　　　　　　　　　　〕

(3) 友達に，「あなたのクラスには生徒が何人いますか。」とたずねるとき。

〔　　　　　　　　　　　　　　　　　　　　　　　〕

いろいろな表現

❶ want to ～など

We need to save the earth.
（私たちは地球を守る必要があります。）

I want to reduce plastic waste.
（私はプラスチックごみを減らしたいです。）

I try to use my own water bottle.
（私は自分の水筒を使うようにしています。）

That's a good idea.
（それはいい考えですね。）

Environmental issues

その他の表現

What do you want to be in the
future?
（あなたは将来何になりたいですか。）
I want to be an English teacher.
（私は英語教師になりたいです。）
I like to play the piano.
（私はピアノをひくのが好きです。）

★ want to ～は「～したい」という意味。toの
あとには動詞を続ける。want to be ～で「～
になりたい」という意味になる。

★〈to＋動詞〉が続く動詞にはほかに，need,
try, likeなどもある。need to ～は「～する
必要がある」，try to ～は「～しようとする」，
like to ～は「～するのが好きだ」という意味
になる。

② 〈look＋形容詞〉の文／〈become＋形容詞［名詞］〉の文

A: What's up, Kana?　You look happy.
（どうしたの，香奈。うれしそうだね。）

B: Look.　I bought this sweater
yesterday.
（見て。昨日，このセーターを買ったんだ。）

A: Wow, nice sweater.　It looks good
on you.
（わあ，すてきなセーターだね。似合っているよ。）

B: Thank you.
（ありがとう。）

その他の表現

Ken looks tired.
（健は疲れているように見えます。）

They look sad.
（彼らは悲しそうに見えます。）

Lisa looked sleepy.
（リサは眠そうでした。）

★ lookは，「見る」という意味が一般的だが，あとにhappyなどの形容詞が続くと，「〜のように見える」という意味になる。

★ 〈look＋形容詞〉の文では，主語と形容詞がイコールの関係になる。You look happy.の文では，You ＝ happyの関係になっている。

A: Who's this?
（この人はだれ？）

B: My brother, Nick.　He became a
singer.
（ぼくの兄のニックだよ。彼は歌手になったんだ。）

A: Oh, I didn't know that.
（わあ，それは知らなかった。）

B: He'll become popular in the future.
（彼はこれから人気になるよ。）

その他の表現

Eri became a nurse.
（絵里は看護師になりました。）

Our city became famous.
（私たちの市は有名になりました。）

The boys became popular players.
（その少年たちは人気選手になりました。）

★ 〈become＋形容詞〉は，「〜になる」という意味。

★ becomeは形容詞だけでなく，名詞が続くこともある。〈become＋名詞〉でも意味は同じ。

❸ How ～! の文／What ～! の文

A: Go, go! How exciting!
　（行け，行け！　なんてわくわくするんだ！）

B: Look at him! How fast!
　（彼を見て！　なんて速いんだ！）

A: He scored a goal!
　（彼がゴールを決めたよ！）

B: Great!
　（すごい！）

その他の表現

How cold!
（なんて寒いのでしょう！）

How beautiful!
（なんて美しいのでしょう！）

How nice!
（なんてすてきなのでしょう！）

★ How ～!は，感動した気持ちや，驚き，喜び
　などの感情を表して，「なんて～なのでしょ
　う！」という意味。

★ Howのあとには形容詞か副詞が続き，文の最
　後に感嘆符（!）をつける。

A: What are you watching?
　（何を見ているんですか。）

B: An animal video. This is my favorite.
　（動物の動画だよ。これがお気に入りなんだ。）

A: What a cute dog!
　（すごくかわいい犬だね！）

B: You think so, too?
　（そう思うでしょ。）

その他の表現

What a good idea!
（なんていい考えなのでしょう！）

What an old house!
（なんて古い家なのでしょう！）

What beautiful flowers!
（なんて美しい花なのでしょう！）

★ What ～!もHow ～!と同じように使われるが，
　Whatのあとには，〈（単数のときはa [an] +）
　形容詞＋名詞〉が続く。

★ 文の最後には感嘆符（!）をつける。

4 動詞のing形の文

Let's go swimming!
(泳ぎに行こう！)

I'm not good at swimming.
(私は泳ぐのが得意じゃありません。)

How about going shopping?
(買い物に行くのはどうですか。)

I like shopping. Let's go!
(買い物は好きです。行きましょう。)

その他の表現

I enjoy singing with my friends.
(私は友人と歌うことを楽しみます。)

I finished writing my report.
(私はレポートを書き終えました。)

Thank you for calling me.
(私に電話をくれてありがとう。)

Dancing is a lot of fun.
(踊ることはとても楽しいです。)

★ 動詞のing形は、「〜すること」という意味で、動詞の目的語になったり、aboutなどの前置詞のあとで使われたりする。この動詞のing形を動名詞という。

★ 動名詞は名詞と同じ働きをするので、文の主語にもなる。

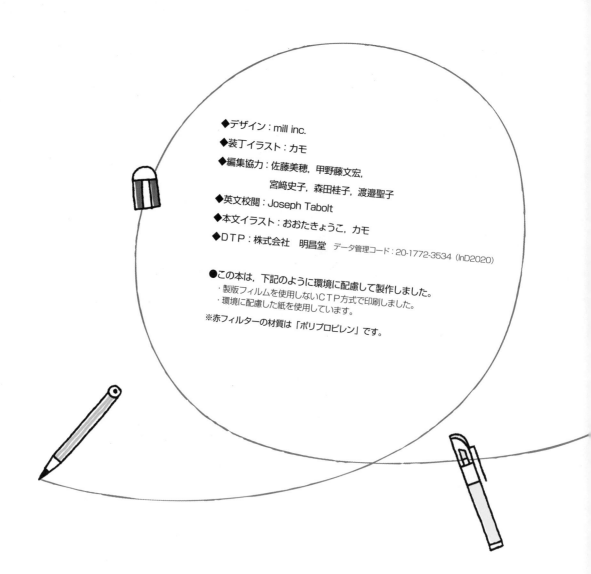

◆デザイン：mill inc.

◆装丁イラスト：カモ

◆編集協力：佐藤美穂, 甲野藤文宏,

　　　　　　宮﨑史子, 森田桂子, 渡邉聖子

◆英文校閲：Joseph Tabolt

◆本文イラスト：おおたきょうこ, カモ

◆DTP：株式会社　明昌堂　データ管理コード：20-1772-3534（InD2020）

●この本は，下記のように環境に配慮して製作しました。
・製版フィルムを使用しないCTP方式で印刷しました。
・環境に配慮した紙を使用しています。

※赤フィルターの材質は「ポリプロピレン」です。

テスト前に
まとめるノート改訂版
中1英語

別冊解答

テスト前に
まとめるノート
中1英語

本冊のノートの
答え合わせに

使い方 1

ノートページの答え
▶ 2〜21 ページ

確認テスト①〜⑤の答え
▶ 22〜26 ページ

使い方 2

付属の赤フィルターで
消して，暗記もできる！

Gakken

① アルファベットの順番と形

※アルファベットの正しい字形は1つに決まっているわけではありません。
教科書等によって異なることがあります。

アルファベットの大文字と小文字

Aa	Bb	Cc	Dd	Ee

dとまちがえないように　　bとまちがえないように

Ff	Gg	Hh	Ii	Jj	Kk

いちばん上までとどくように　　点を忘れずに
いちばん下までとどくように

Ll	Mm	Nn	Oo	Pp

qとまちがえないように

Qq	Rr	Ss	Tt	Uu

pとまちがえないように

Vv	Ww	Xx	Yy	Zz

いちばん下までとどくように

次の❶〜❻は大文字を小文字に、❼〜❾は小文字を大文字に書きかえよう。

❶ A → a	❷ D → d	❸ G → g
❹ H → h	❺ J → j	❻ R → r
❼ e → E	❽ m → M	❾ q → Q

② 英文の書き方のきまり

文の最初は大文字にする　　人名や地名などの固有名詞の最初は大文字にする

Are you Ken?　　（あなたは健ですか。）

単語と単語の間にはスペース　　疑問文（たずねる文）の終わりにはクエスチョン・マークをつける

「私は」のIはいつも大文字にする

Yes, I am.　　（はい、そうです。）

Yes や No のあとにはコンマをつける

アポストロフィ（文字が省略されていることをあらわす）

No, I'm not.　　（いいえ、ちがいます。）

コンマ　　文の終わりにはピリオドをつける

次の文を正しい英文に書き直そう。

❶ im from tokyo.　　（私は東京の出身です。）

アポストロフィ↓
I'm from Tokyo.
「私は」のIはいつも大文字　　固有名詞の最初の文字は大文字

❷ are you lisa.　　（あなたはリサですか。）

↓疑問文の終わりはクエスチョン・マーク
Are you Lisa?
文の最初は大文字

❸ yes i am　　（はい、そうです。）

↓文の終わりはピリオド
Yes, I am.
Yesのあとはコンマをつける

I am 〜.の文

I am Lisa.　　（私はリサです。）

● 「私は〜です」は **I'm 〜.** で表す。
I am の短縮形を入れよう。「〜」の部分には自分の名前などが入る

● 「私は〜の出身です」は **I'm from 〜.** で表す。
国名や地名を続ける

教科書check! 自分の教科書に出ている I am 〜.の文を書こう。

日本語の意味をあらわす英文にしよう。

☆ 私は美紀です。　　→（ I ）（ am ）Miki.
☆ 私は横浜の出身です。　→（ I'm ）（ from ）Yokohama.
☆ 私は中学生（a junior high school student）です。
　→ I'm a junior high school student.

I'm のあとに自分の名前を続けて、自分の名前を伝える文を書こう。
　（例） I'm Sato Jun.（私は佐藤純です。）

ここに注意!
I'm は I am の短縮形。
省略した文字の代わりに使う「'」（アポストロフィ）を忘れないこと。
×Im from Tokyo.
○I'm from Tokyo.
（私は東京出身です）

短縮形がある語句は、ふつう短縮してもしなくても正しい。

I'm from Japan!

You are 〜.の文

You are Ken.　　（あなたは健です。）

● 「あなたは〜です」は **You're 〜.** で表す。
You are の短縮形を入れよう

教科書check! 自分の教科書に出ている You are 〜.の文を書こう。

英語では、「あなた」も「きみ」も「おまえ」も、みんな you です。

単語check! この単元にあたる教科書の新出単語とその意味をおぼえよう。

日本語の意味をあらわす英文にしよう。
☆ あなたはブラウン先生です。→（ You ）（ are ）Ms. Brown.
☆ あなたは優しいです。　→ You're　nice.
☆ あなたは13歳です。　→ You're　thirteen.

be動詞とは

● I am の am や you are の are を **be動詞** という。
…主語とあとの語句をイコールでつなぐ働きをする。
文の中で「〜は」「〜が」にあたる語

I am twelve.　　　　　You are tall.
（私は12歳です。）I = twelve.　（あなたは背が高い。）You = tall.
be動詞がイコールの働きをする

詳しく! am, are, is（→18ページ）を be動詞 という。am, are, is は be という動詞の形が変化したもの。もとの形が be なので、こう呼ばれる。

英語では、「私」も「ぼく」も「おれ」も、みんなIです。

日本語の意味をあらわす英文にしよう。
☆ ぼくは台所にいます。　→（ I'm ）in the kitchen.
☆ あなたは親切です。　→ You're　kind.
☆ 私は忙しい。　　→ I'm　busy.

be動詞のあとに in the kitchen（台所に）のような場所を表す語句が続くと、「〜にいる」という意味をあらわす。

[　]内の語を並べかえて、日本語の意味をあらわす英文にしよう。
☆ ぼくはサッカーのファンです。[am / soccer / a / I / fan].
　→ I am a soccer fan.
☆ あなたはシドニーの出身です。[from / are / you / Sydney].
　→ You are from Sydney.
☆ 私はテニスの選手です。[a / player / tennis / I'm].
　→ I'm a tennis player.

I'm on the sofa.
（私はソファーの上にいる。）

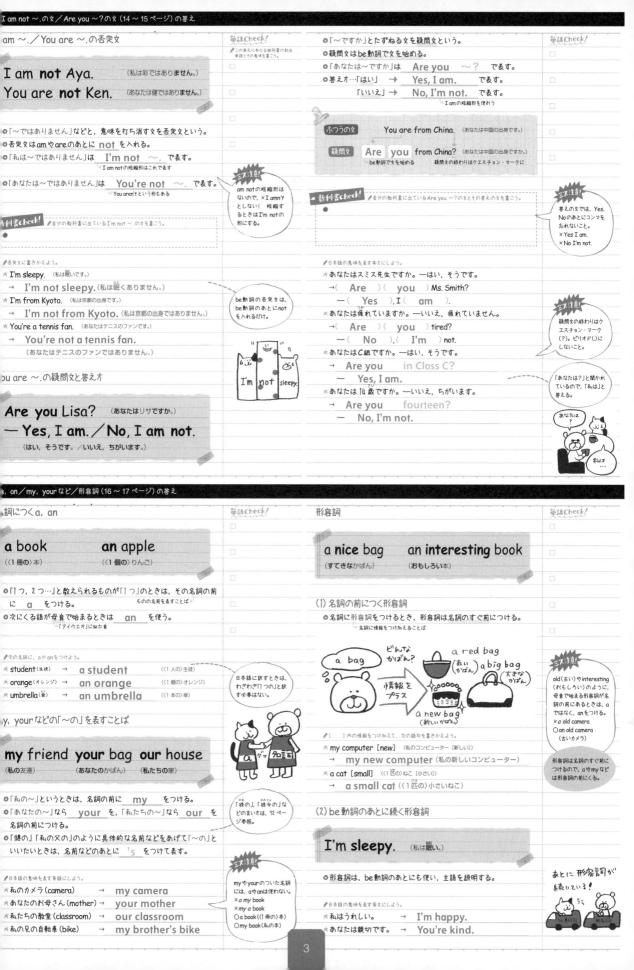

am ～．／You are ～．の否定文

I am not Aya. （私は彩ではありません。）
You are not Ken. （あなたは健ではありません。）

単語Check!
この単元にあたる教科書の動詞
単語とその意味を書こう。
□
□
□
□

- 「～ではありません」などと，意味を打ち消す文を否定文という。
- 否定文はamやareのあとに **not** を入れる。
- 「私は～ではありません」は **I'm not ～．** で表す。
I am notの短縮形はこれです
- 「あなたは～ではありません」は **You're not ～．** で表す。
You aren'tという形もある

ミス注意!
am notの短縮形はないので，×I amn'tとしない！ 短縮するときはI'm notの形にする。

教科書Check! 自分の教科書に出ているI'm not ～．の文を書こう。

否定文に書きかえよう。
- I'm sleepy.（私は眠いです。）
 → **I'm not sleepy.**（私は眠くありません。）
- I'm from Kyoto.（私は京都の出身です。）
 → **I'm not from Kyoto.**（私は京都の出身ではありません。）
- You're a tennis fan.（あなたはテニスのファンです。）
 → **You're not a tennis fan.**
 （あなたはテニスのファンではありません。）

be動詞の否定文は，be動詞のあとにnotを入れるだけ。

I'm not sleepy.

ou are ～．の疑問文と答え方

Are you Lisa? （あなたはリサですか。）
— Yes, I am.／No, I am not.
（はい，そうです。／いいえ，ちがいます。）

- 「～ですか」とたずねる文を疑問文という。
- 疑問文はbe動詞で文を始める。
- 「あなたは～ですか」は **Are you ～?** で表す。
- 答え方…「はい」 → **Yes, I am.** で表す。
「いいえ」 → **No, I'm not.** で表す。
I amの短縮形を使おう

単語Check!
□
□
□

| ふつうの文 | You are from China. | （あなたは中国の出身です。） |
| 疑問文 | Are you from China? | （あなたは中国の出身ですか。） |

be動詞で文を始める　疑問文の終わりはクエスチョン・マークに

教科書Check! 自分の教科書に出ているAre you ～?の文とその答えの文を書こう。

ミス注意!
答えの文では，Yes，Noのあとにコンマを忘れないこと。
×Yes I am.
×No I'm not.

日本語の意味を表す英文にしよう。
- あなたはスミス先生ですか。 —はい，そうです。
 →（ **Are** ）（ **you** ）Ms. Smith?
 —（ **Yes** ），I（ **am** ）.
- あなたは疲れていますか。 —いいえ，疲れていません。
 →（ **Are** ）（ **you** ）tired?
 —（ **No** ），I（ **'m** ）not.
- あなたはC組ですか。 —はい，そうです。
 → **Are you** in Class C?
 — **Yes, I am.**
- あなたは14歳ですか。 —いいえ，ちがいます。
 → **Are you** fourteen?
 — **No, I'm not.**

ミス注意!
疑問文の終わりはクエスチョン・マーク（?）。ピリオド（.）にしないこと。

「あなたは?」と聞かれているので，「私は」と答える。
あなたは　私は

詞につくa, an

a book **an apple**
（〈1冊の〉本） （〈1個の〉りんご）

単語Check!
□
□
□

- 「1つ，2つ…」と数えられるものが「1つ」のときは，その名詞の前に **a** をつける。
ものの名前を表すことば
- 次にくる語が母音で始まるときは **an** を使う。
「アイウエオ」に似た音

次の名詞に，aかanをつけよう。
- student（生徒） → **a student** （〈1人の〉生徒）
- orange（オレンジ） → **an orange** （〈1個の〉オレンジ）
- umbrella（傘） → **an umbrella** （〈1本の〉傘）

日本語に訳すときは，わざわざ「1つの」と訳す必要はない。

y, yourなどの「～の」を表すことば

my friend **your bag** **our house**
（私の友達） （あなたのかばん） （私たちの家）

- 「私の～」というときは，名詞の前に **my** をつける。
- 「あなたの～」なら **your** を，「私たちの～」なら **our** を名詞の前につける。
- 「健の」「私の父の」のように具体的な名前などをあげて「～の」といいたいときは，名前などのあとに **'s** をつけて表す。

「彼の」，「彼女の」などのまいさつは，72ページ参照。

日本語の意味を表す英語にしよう。
- 私のカメラ（camera） → **my camera**
- あなたのお母さん（mother） → **your mother**
- 私たちの教室（classroom） → **our classroom**
- 私の兄の自転車（bike） → **my brother's bike**

ミス注意!
myやyourのついた名詞には，aやanは使わない。
×a my book
×my a book
○a book（〈1冊の〉本）
○my book（私の本）

形容詞

a nice bag **an interesting book**
（すてきなかばん） （おもしろい本）

単語Check!
□
□
□

(1) 名詞の前につく形容詞

- 名詞に形容詞をつけるとき，形容詞は名詞のすぐ前につける。
名詞に情報をつけ加えることば

a bag
どんなかばん？
情報をプラス
a red bag（赤いかばん）
a big bag（大きなかばん）
a new bag（新しいかばん）

ミス注意!
old（古い）やinteresting（おもしろい）のように，母音で始まる形容詞が名詞の前にあるときは，aではなく，anをつける。
×a old camera
○an old camera（古いカメラ）

形容詞は名詞のすぐ前につけるので，a やmyなどは形容詞の前にくる。

[ ]内の情報をつけ加えて，次の語句を書きかえよう。
- my computer [new]（私のコンピューター［新しい］）
 → **my new computer**（私の新しいコンピューター）
- a cat [small]（〈1匹の〉ねこ［小さい］）
 → **a small cat**（〈1匹の〉小さいねこ）

(2) be動詞のあとに続く形容詞

I'm sleepy. （私は眠い。）

- 形容詞は，be動詞のあとにも使い，主語を説明する。

あとに形容詞が続いている！

日本語の意味を表す英文にしよう。
- 私はうれしい。 → **I'm happy.**
- あなたは親切です。 → **You're kind.**

This is ～.／That is ～.の文

This is my book. （これは私の本です。）

◎近くのものを指して、「これは～です」は　This is ～.　で表す。
◎離れたところにあるものを指して、「あれは～です」は
　That's ～.　で表す。
　※That is の短縮形を入れる。

●近くのものを指す。　　●離れたところにあるものを指す。

This is my bike.　　That's Tom's bike.
（これは私の自転車です。）　（あれはトムの自転車です。）

教科書Check! ♪自分の教科書に出ている This is ～.／That is ～.の文を書こう。

• this や that は、名詞の前において、this book（この本）や that boy（あの少年）のような使い方もする。

this book
（この本）

that boy
（あの少年）

語 Check!
♪この単元にあたる教科書の新出単語とその意味を書こう。

is は、am や are と同じ be動詞。

詳しく!
This is ～.は人を紹介する文でも使われる。

Ken, this is Judy.
（健、こちらはジュディーです。）

♪日本語の意味をあす英文にしよう。
★これは私の犬です。　→（ This ）（ is ）my dog.
★あれはあなたのかばんです。→（ That's ）your bag.
★太郎、こちらはアンです。
　→Taro,（ this ）（ is ）Ann.
★あちらの男の人はブラウン先生です。
　→（ That ）man（ is ）Mr. Brown.

♪[ ]内の語を並べかえて、日本語の意味をあす英文にしよう。
★これは私のお気に入りの本です。[book / favorite / this / my / is].
　→ This is my favorite book.
★あの少女はトムの妹です。[sister / that / Tom's / is / girl].
　→ That girl is Tom's sister.

This is ～.／That is ～.の否定文

This is not my bag. （これは私のかばんではありません。）

◎「これは～ではありません」は　This isn't ～.　で表す。
　※is not の短縮形を使おう
◎「あれは～ではありません」は　That's not ～.　で表す。
　※That is の短縮形を使おう

♪日本語の意味をあす英文にしよう。
★これは私のノートではありません。
　→This（ is ）（ not ）my notebook.
★あれは私の家ではありません。
　→That's（ not ）my house.
★これはカップではありません。
　→ This isn't a cup.
★あれは私の自転車ではありません。
　→ That's not [That isn't] my bike.

ミス注意!
this や that はあとに名詞がきて、「この～」「あの～」という意味でも使われる。

That isn't ～.でもあらせる。

え!! 短縮形
that's はあるのに
this's はないの

This is ～.／That is ～.の疑問文と答え方

Is this your bag?
（これはあなたのかばんですか。）

―Yes, it is.／No, it is not.
（はい、そうです。／いいえ、ちがいます。）

◎「これは～ですか」は　Is this ～?　で表す。
◎「あれは～ですか」は　Is that ～?　で表す。
◎答え方…「はい」→　Yes, it is.
　　　　　「いいえ」→　No, it's not.
　　　　　※it is の短縮形を使おう

ふつうの文　　This is your bike.　（これはあなたの自転車です。）
疑問文　　Is this your bike?　（これはあなたの自転車ですか。）
　　be動詞で文を始める　　　文の終わりはクエスチョン・マーク

教科書Check! ♪自分の教科書に出ている Is this ～?の文とその答えの文を書こう。

♪疑問文に書きかえよう。
★This is your cap.　（これはあなたのぼうしです。）
　→（ Is ）（ this ）your cap?（これはあなたのぼうしですか。）
★That's Ken's notebook.　（あれは健のノートです。）
　→（ Is ）（ that ）Ken's notebook?（あれは健のノートですか。）
★This is an egg.　（これは卵です。）
　→ Is this an egg?
　（これは卵ですか。）

詳しく!
この it は前に出た this や that を受けて、「それ」という意味。

No, it isn't.でもあらせる。

疑問文は
be動詞から
始めるよ

♪疑問文に、[ ]内の語を使って答えよう。
★Is this Ann's umbrella?（これはアンの傘ですか。）[yes]
　→ Yes, it is.
★Is that a school?（あれは学校ですか。）[no]
　→ No, it's not [it isn't].

What で始まる be動詞の疑問文

What is this? （これは何ですか。）
―It is a cup. （それはカップです。）

◎ what は「何」という意味で、いつも文の最初にくる。
◎「これは何ですか。」は　What's this?　で表す。
　※What is の短縮形を入れよう
◎「あれは何ですか。」は　What's that?　で表す。
◎答え方…ふつう　It's ～.（それは～です）の形で、具体的に何かを答える。
　※It is の短縮形を入れよう

疑問文　　　　　Is this a school?（これは学校ですか。）
　何？　a school がわからない
What ～?　What　is　this?（これは何ですか。）

♪日本語の意味をあす英文にしよう。
★これは何ですか。―神社です。
　→（ What's ）this? ―（ It's ）a shrine.
★あれは何ですか。―鳥です。
　→What's（ that ）? ―（ It's ）a bird.
★これは何ですか。―ロボット（robot）です。
　→ What's this?
　― It's a robot.

ミス注意!
答えの文では it を使う
×Yes, this is. や
×No, this isn't.のようには答えない。

ふつう疑問文は文の終わりを上げ調子で読むけど、What の疑問文は下げ調子で読む。

「何か」を具体的に答えるから、Yes や No は使わない!

今はいら

YES
NO

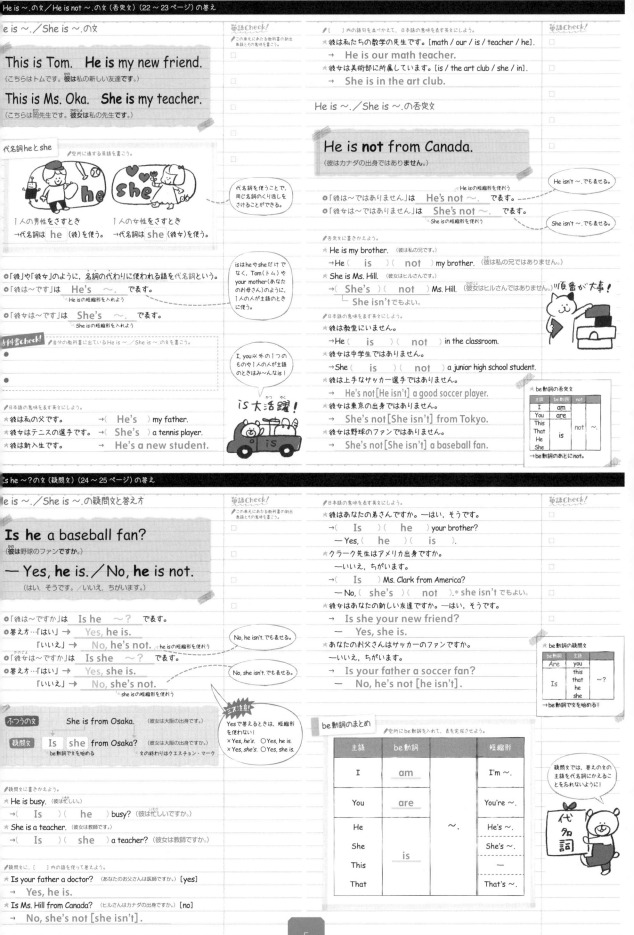

He is ～.／She is ～.の文

単語Check!
この文末にあたる教科書の動詞
熟語とその意味を書こう。

This is Tom. **He is my new friend.**
（こちらはトムです。彼は私の新しい友達です。）

This is Ms. Oka. **She is my teacher.**
（こちらは岡先生です。彼女は私の先生です。）

代名詞heとshe

空欄に適する英語を書こう。

he　she

1人の男性をさすとき　　　1人の女性をさすとき
→代名詞は he（彼）を使う。　→代名詞は she（彼女）を使う。

代名詞を使うことで、同じ名詞のくり返しをさけることができる。

● 「彼」や「彼女」のように，名詞の代わりに使われる語を代名詞という。
● 「彼は～です」は **He's ～.** で表す。
　　　　　　He is の短縮形を書こう
● 「彼女は～です」は **She's ～.** で表す。
　　　　　　She is の短縮形を入れよう

isはheやsheだけでなく、Tom（トム）やyour mother（あなたのお母さん）のように、1人の人が主語のときに使う。

教科書check! 自分の教科書に出ているHe is ～.／She is ～.の文を書こう。
●
●

I, you以外の1つのものや1人の人が主語のときはみ～んなis！

日本語の意味を表す英文にしよう。
● 彼は私の父です。　　　→（ He's ）my father.
● 彼女はテニスの選手です。　→（ She's ）a tennis player.
● 彼は新入生です。　　　→ He's a new student.

is大活躍！

――

[ ] 内の語句を並べかえて、日本語の意味を表す英文にしよう。
☆ 彼は私たちの数学の先生です。[math / our / is / teacher / he].
　→ He is our math teacher.
☆ 彼女は美術部に所属しています。[is / the art club / she / in].
　→ She is in the art club.

He is ～.／She is ～.の否定文

He is **not** from Canada.
（彼はカナダの出身ではありません。）

He isn't ～.でもませる。

◎「彼は～ではありません」は **He's not ～.** で表す。
　　　　　　　　　　　He is の短縮形を使う
◎「彼女は～ではありません」は **She's not ～.** で表す。
　　　　　　　　　　　　She is の短縮形を使う

She isn't ～.でもませる。

否定文に書きかえよう。
☆ He is my brother.（彼は私の兄です。）
　→He（ is ）（ not ）my brother.（彼は私の兄ではありません。）
☆ She is Ms. Hill.（彼女はヒルさんです。）
　→（ She's ）（ not ）Ms. Hill.（彼女はヒルさんではありません。）順番が大事！
　　She isn'tでもよい。

日本語の意味を表す英文にしよう。
☆ 彼は教室にいません。
　→He（ is ）（ not ）in the classroom.
☆ 彼女は中学生ではありません。
　→She（ is ）（ not ）a junior high school student.
☆ 彼は上手なサッカー選手ではありません。
　→ He's not[He isn't] a good soccer player.
☆ 彼は東京の出身ではありません。
　→ She's not[She isn't] from Tokyo.
☆ 彼女は野球のファンではありません。
　→ She's not[She isn't] a baseball fan.

be動詞の否定文

主語	be動詞	not
I	am	
You	are	
This		not ～.
That	is	
He		
She		

→be動詞のあとにnot.

He is ～.／She is ～.の疑問文と答え方

単語Check!
この文末にあたる教科書の動詞
熟語とその意味を書こう。

Is he a baseball fan?
（彼は野球のファンですか。）

― Yes, **he is.**／No, **he is not.**
（はい、そうです。／いいえ、ちがいます。）

◎「彼は～ですか」は **Is he ～?** で表す。
◎ 答え方…「はい」→ Yes, he is.
　　　　「いいえ」→ No, he's not. he isの短縮形を使おう

No, he isn't.でもませる。

◎「彼女は～ですか」は **Is she ～?** で表す。
◎ 答え方…「はい」→ Yes, she is.
　　　　「いいえ」→ No, she's not. she isの短縮形を使おう

No, she isn't.でもませる。

ふつうの文　She is from Osaka.（彼女は大阪の出身です。）
疑問文　Is she from Osaka?（彼女は大阪の出身ですか。）
　　be動詞で文を始める　　文の終わりはクエスチョン・マーク

ミス注意！
Yesで答えるときは、短縮形を使わない！
×Yes, he's.　○Yes, he is.
×Yes, she's.　○Yes, she is.

疑問文に書きかえよう。
☆ He is busy.（彼は忙しい。）
　→（ Is ）（ he ）busy?（彼は忙しいですか。）
☆ She is a teacher.（彼女は教師です。）
　→（ Is ）（ she ）a teacher?（彼女は教師ですか。）

疑問文に、[ ] 内の語を使って答えよう。
☆ Is your father a doctor?（あなたのお父さんは医師ですか。）[yes]
　→ Yes, he is.
☆ Is Ms. Hill from Canada?（ヒルさんはカナダの出身ですか。）[no]
　→ No, she's not [she isn't].

――

日本語の意味を表す英文にしよう。
☆ 彼はあなたの弟さんですか。―はい、そうです。
　→（ Is ）（ he ）your brother?
　― Yes,（ he ）（ is ）.
☆ クラーク先生はアメリカ出身ですか。
　―いいえ、ちがいます。
　→（ Is ）Ms. Clark from America?
　― No,（ she's ）（ not ）.＊ she isn't でもよい。
☆ 彼女はあなたの新しい友達ですか。―はい、そうです。
　→ Is she your new friend?
　― Yes, she is.
☆ あなたのお父さんはサッカーのファンですか。
　―いいえ、ちがいます。
　→ Is your father a soccer fan?
　― No, he's not [he isn't].

be動詞の疑問文

be動詞	主語	
Are	you	
	this	
Is	that	～?
	he	
	she	

→be動詞で文を始める！

be動詞のまとめ

空欄にbe動詞を入れて、表を完成させよう。

主語	be動詞	短縮形
I	am	I'm ～.
You	are	You're ～.
He		He's ～.
She	～.	She's ～.
This	is	―
That		That's ～.

疑問文では、答えの文の主語を代名詞にかえることを忘れないように！

代名詞

5

一般動詞の文

I like English.
（私は英語が好きです。）

(1) 一般動詞

- 一般動詞とは，walk（歩く），speak（話す），like（好む）など be動詞（am, are, is）以外のすべての動詞のこと。
- 主語のすぐあとに動詞がくる。動詞のあとには 目的語 が続くことが多い。
  「～を」「～に」を表す語

日本語	私は	サッカーが	好きです 。
英語	I 主語	like 動詞	soccer . 目的語（「～を」「～に」）

日本語と文の構造がちがう。英語は語順が大事！

いろいろな一般動詞

play walk like study speak cook watch

be動詞はメタボだからいっぱいあるね。

(2) be動詞と一般動詞のちがい

- 英語の文にはふつう，主語と動詞が必要。
  - be動詞… 主語とあとに続く語句をイコールでつなぐ働き
  - 一般動詞… like（好む）や play（する）など，具体的な動きや状態を表す
  → 1つの文に，be動詞か一般動詞のどちらか1つだけを使う。

be動詞と一般動詞

空所に通する英語を書こう。

be動詞 ～です
I am Lisa.
I=Lisa…イコールの関係

一般動詞 ～が好き
I like rock music.
I≠rock music…イコールの関係ではない

わたし リサ！ Lisa

ロック大好き！ NO Rock NO Life

ここ注意！
1つの文には動詞を1つだけ使うので，be動詞と一般動詞は，そのままいっしょに使うことはない。

「私はロックが好きです。」
×I am like rock music.
○I like rock music.

日本語の意味を表す英文にしよう。
- 私はテニスの選手です。 →I（ am ）a tennis player.
- 私はテニスが好きです。 →I（ like ）tennis.

(3) I like ～.や I play ～.の文

- 「私は～が好きです」は I like ～. で表す。
- 「私は（楽器を）演奏します」「私は（スポーツを）します」は I play ～. で表す。

主語がYouのときも，Iのとき同様にYou like ～.や You play ～.で表す。

● 教科書check! 自分の教科書に出ている一般動詞の文を書こう。

日本語の意味を表す英文にしよう。
- 私は体育館でバスケットボールをします。
  →I（ play ）basketball in the gym.
- 私は野球（baseball）が大好きです。
  → I like baseball very much.
- あなたは毎日ギター（guitar）をひきます。
  → You play the guitar every day.

「（楽器を）演奏する」というとき，楽器名の前にはふつうtheをつける。

いろいろな一般動詞

I have ten T-shirts.
（私はTシャツを10枚持っています。）

- 「私は～を持っています」は I have ～. で表す。
- haveは他に「（きょうだいなどが）いる」，「（ペットなどを）飼う」，「食べる，飲む」，「経験する」などの意味もある。

空所に日本語に合う動詞を入れよう。

その他の一般動詞

go （行く）	walk （歩く）	come （来る）
know （知っている）	use （使う）	practice （練習する）
live （住んでいる）	speak, talk （話す）	write （書く）
drive （運転する）	study （勉強する）	watch, see, look （見る）
want （ほしい）	need （必要である）	eat, have （食べる）

日本語の意味を表す英文にしよう。
- 私は毎日テレビを見ます。 →I（ watch ）TV every day.
- 私はフランス語を話します。 →I（ speak ）French.
- あなたは埼玉に住んでいます。
  →You（ live ）in Saitama.
- 私は毎週末，数学を勉強します。
  →I（ study ）math every weekend.
- 私はよくギターを練習します。
  →I often（ practice ）the guitar.
- あなたは大きな犬を飼っています。
  → You have a big [large] dog.
- 私は，朝食にごはんを食べます。
  → I have rice for breakfast.
  └I eat rice ….でもよい。

一般動詞の否定文

I do not like soccer.
（私はサッカーが好きではありません。）

- 「～しません」という一般動詞の否定文は，動詞の前に don't を入れる。
  do not の短縮形を入れよう

ふつうの文	I		have a computer.	（私はコンピューターを持っています。）
	動詞の前に入れる			
否定文	I	don't	have a computer.	（私はコンピューターを持っていません。）

Youを主語にして，「あなたは～しません」というときも，同じように You don't ～.となる。

● 教科書check! 自分の教科書に出ている一般動詞の否定文を書こう。

ここ注意！
be動詞の否定文は，be動詞のあとにnotを入れるだけだけど，一般動詞の場合は，don'tを使う。

日本語の意味を表す英文にしよう。
- 私はコンピューターを使いません。
  →I（ do ）（ not ）（ use ）a computer.
- あなたは自動車を運転しません。
  →You（ don't ）（ drive ）a car.

[ ] 内の語を並べかえて，日本語の意味を表す英文にしよう。
- 私は歩いて学校へ行きません。
  [I / walk / don't / school / to].
  → I don't walk to school.
- あなたは中国語を話しません。
  [don't / Chinese / speak / you].
  → You don't speak Chinese.

ドーン

don't

一般動詞はぜーったいdon't！

一般動詞の疑問文と答え方

単語Check!
この表にあたる教科書の新出
単語とその意味を書こう。

Do you like baseball?
（あなたは野球が好きですか。）

—Yes, I do.／No, I do not.
（はい，好きです。／いいえ，好きではありません。）

◎一般動詞の疑問文は， **Do** で文を始める。

◎「あなたは〜が好きですか」とたずねるときは，
Do you like 〜? で表す。

◎答え方…「はい」→ **Yes, I do.**
「いいえ」→ **No, I don't.**
do not の短縮形を使おう

答えるときは，doを
使う。×Yes, I like.
のように，疑問文の動
詞をそのまま使わな
い。

ふつうの文　　You play tennis.（あなたはテニスをします。）
文の最初に
疑問文　 Do you play tennis?（あなたはテニスをしますか。）
文の終わりはクエスチョンマーク

教科書Check!　自分の教科書に出ている一般動詞の疑問文とその答えの文を書こう。
●
─────

ミス注意!
一般動詞の疑問文で
は，be動詞は使われ
ない。
×Are you play 〜?
○Do you play 〜?

▶疑問文に書きかえよう。
★You need a pen.（あなたはペンが必要です。）
→（ **Do** ）you（ **need** ）a pen?（あなたはペンが必要ですか。）
★You know this word.（あなたはこの単語を知っています。）
→（ **Do** ）you（ **know** ）this word?
（あなたはこの単語を知っていますか。）

learn
意味
なーんだ？
Dictionary

単語Check!

▶日本語の意味をあらわす英文にしよう。
★あなたは朝，ラジオを聞きますか。—はい，聞きます。
→（ **Do** ）you（ **listen** ）to the radio in the morning?
—Yes,（ **I** ）（ **do** ）.
★あなたはバスで学校に来ますか。—いいえ，来ません。
→（ **Do** ）you（ **come** ）to school by bus?
—No,（ **I** ）（ **don't** ）.
★あなたは自転車を持っていますか。
—はい，持っています。
→ Do you have a bike?
—Yes, I do.
★あなたはこのカメラを使いますか。
—いいえ，使いません。
→ Do you use this camera?
— No, I don't.

▶[　]内の語を並べかえて，日本語の意味をあらわす英文にしよう。
★あなたは放課後に野球を練習しますか。
[practice / you / baseball / do] after school?
→ Do you practice baseball after school?
★あなたはその新しいドレスがほしいですか。
[dress / you / do / new / the / want]?
→ Do you want the new dress?
★あなたは家でピアノをひきますか。
[do / play / you / piano / the] at home?
→ Do you play the piano at home?

♪♫ the

▶自分のことについて，次の英語の質問に英語で答えよう。
★Do you study English every day?
（あなたは毎日英語を勉強しますか。）
—（例）Yes, I do.（はい，します。）
└「いいえ，しません。」なら No, I don't.

Whatで始まる一般動詞の疑問文と答え方

単語Check!
この表にあたる教科書の新出
単語とその意味を書こう。

What do you want for your birthday?
（あなたは誕生日に何がほしいですか。）

—I want a new computer.
（私は新しいコンピューターがほしいです。）

) What do you 〜?の文
◎一般動詞を使って「あなたは何を〜しますか」とたずねるときは，
What do you ＋一般動詞 〜? で表す。
◎答え方…疑問文で使われた一般動詞を使って，具体的に「何を〜す
るのか」を答える。

一般動詞の
疑問文　 Do you have a book in your bag?♪
（あなたはかばんの中に本を持っていますか。）
何?
What 〜?　 What do you have in your bag?↘
（あなたはかばんの中に何を持っていますか。）

What do you 〜?への答え方

what do you have in your hands?
（あなたは手に何を持っていますか？）
I have an apple.（りんごを持っています）
ひとりで食べるの?
うん!

ふつうのDo 〜?の疑
問文は文の終わりを上
げ調子で読むけど，
Whatの疑問文は，下
げ調子で読む。

what〜?
Do〜?

教科書Check!　自分の教科書に出ているWhat do you 〜?の文とその答えの文を書こう。
─────

▶日本語の意味をあらわす英文にしよう。
★あなたは手に何を持っていますか。—スマートフォンを持っています。
→（ What ）（ do ）（ you ）have in your hand?
—（ I ）（ have ）a smartphone.
★あなたは家で何を勉強しますか。—英語と数学です。
→（ What ）（ do ）（ you ）study at home?
—（ I ）（ study ）English and math.

(2) What do you do 〜?の文

What do you do on weekends?
（あなたは週末に何をしますか。）
— I read some books.
（私は本を読みます。）

◎「あなたは（ふだん）何をしますか」は，動詞doを使って
What do you do 〜? で表す。

このdoは「する」とい
う意味。

▶[　]内の語を並べかえて，日本語の意味をあらわす英文にしよう。
★あなたは土曜日に何をしますか。
[do / do / you / what] on Saturdays?
→ What do you do on Saturdays?

usuallyは「ふつうは，
たいてい」という意味。
ふつう一般動詞の前
に入れる。

▶自分のことについて，次の英語の質問に英語で答えよう。
★What do you usually do after school?（あなたはふつう放課後に何をしますか。）
→（例）I practice tennis at school.
（私は学校でテニスを練習します。）

「何の～」の疑問文

What subject do you like?
（あなたは何の教科が好きですか。）

—I like English. （私は英語が好きです。）

● 「何の～」とたずねるときは〈What ＋ 名詞〉で文を始めて，一般動詞の疑問文を続ける。
● 答え方…疑問文の動詞を使って，具体的に答える。

✎空所に適する英語を書こう。

いろいろな What ＋名詞	
何の動物	What animal
何色	What color
何語	What language
何のスポーツ	What sport
何の教科	What subject

疑問文　　Do you play tennis? （あなたはテニスをしますか。）
始めに　何のスポーツ？
What＋名詞 ～?　What sport do you play? （あなたは何のスポーツをしますか。）
　　　　　　あとに名詞を続ける！

✎日本語の意味をあらわす英文にしよう。
★ あなたは何の教科を熱心に勉強しますか。—私は理科を熱心に勉強します。
→（ What ）（ subject ）do you study hard?
—I（ study ）science hard.
★ あなたは何色が好きですか。—私は青が好きです。
→（ What ）（ color ）do you like?
—I（ like ）blue.

単語Check!
✎この単元にあたる教科書の既出単語とその意味を書こう。

「どんな種類の～」の疑問文

● 「どんな種類の～」は，　What kind of　で文を始める。
● 「どんな種類の音楽が好きですか」は
　　What kind of music　do you like? で表す。
● 答え方…疑問文の動詞を使って，具体的に答える。

詳しく！
kindには，「親切な」という形容詞の意味と，「種類」という名詞の意味がある。

疑問文　　Do you have tea in the morning? （あなたは朝にお茶を飲みますか。）
　　　　どんな種類の～？
What kind of ～ ?　What kind of drink do you have in the morning?
　　　　たずねるものを続ける　（あなたは朝にどんな種類の飲み物を飲みますか。）

✎日本語の意味をあらわす英文にしよう。
★ あなたはどんな種類の音楽が好きですか。
—私はポップスが好きです。
→（ What ）（ kind ）of music do you like?
—I（ like ）pop music.
★ あなたはふだん，どんな種類の本を読みますか。
—私はSFを読みます。
→（ What ）（ kind ）of books do you usually read?
—I（ read ）science fiction.

✎自分のことについて，次の英語の質問に英語で答えよう。
★ What subject do you like? （あなたは何の教科が好きですか。）
→（例）I like math. （私は数学が好きです。）
★ What sport do you play? （あなたは何のスポーツをしますか。）
→（例）I play baseball. （私は野球をします。）
★ What color do you like? （あなたは何色が好きですか。）
→（例）I like orange. （私はオレンジ色が好きです。）

詳しく！
Whatのあとの名詞は複数形（→44ページ）になることもある。一般的に，複数の答えが想定されるときには複数形を使う。

「何のスポーツが好きですか。—サッカーとテニスです。」
What sports do you like? — I like soccer and tennis.

---

canの文

I can play the guitar.
（私はギターをひくことができます。）

助動詞の働き　　✎空所に適する英語を書こう。
一般動詞の文
I swim well.
（私は上手に泳ぎます。）

助動詞の文
…動詞といっしょに助動詞を使って，話し手のいろいろな判断や気持ち，意味をつけ加える
I can swim well.
（私は上手に泳げます。）

can は，動詞に「～できる」という意味をつけ加える！

● 「～することができます」というときは，　can　を使う。
● can は 動詞の前 に入れる。canなどの助動詞のあとの動詞は，
必ず 原形 （変化しないもとの形）になる。

動詞にsをつける3単現の文（→14ページ）でも，canを使うときは動詞が原形。
×He can swims well.
○He can swim well.

一般動詞の文	You		run	fast. （あなたは速く走ります。）
canの文	You	can	run	fast. （あなたは速く走ることができます。）
　　　　　　　　「～できる」 動詞の原形

ミス注意！
canを使った文では，語順に注意。
×I cook can well.
○I can cook well.
（私は上手に料理ができます。）

単語Check!
✎この単元にあたる教科書の既出単語とその意味を書こう。

教科書Check!
✎自分の教科書に出ているcanの文を書こう。

✎日本語の意味をあらわす英文にしよう。
★ 私は中国語が話せます。→I（ can ）（ speak ）Chinese.
★ 彼はスキーが上手にできます。→He（ can ）（ ski ）well.
★ 健は上手にその英語の歌を歌えます。
→ Ken can sing the English song well.

canの否定文

I cannot play tennis well.
（私は上手にテニスをすることができません。）

● 「～することができません」は，動詞の前に　cannot　を入れる。
● cannot は短縮形の　can't　がよく使われる。

✎否定文に書きかえよう。
★ I can play the piano. （私はピアノがひけます。）
→I（ can't ）（ play ）the piano.（私はピアノがひけません。）
★ Ann can speak Japanese. （アンは日本語が話せます。）
→Ann（ can't ）（ speak ）Japanese.（アンは日本語が話せません。）
＊can'tはcannotでもよい。

✎日本語の意味をあらわす英文にしよう。
★ トムは納豆が食べられません。
→Tom（ can't ）（ eat ）natto. ＊eatはhaveでもよい。
★ 彼女は自転車に乗ることができません。
→ She can't ride a bike.

ミス注意！
cannotを×can notのように，はなして書かないこと。短縮形を使うときはアポストロフィのつける位置に注意。
×cant
○can't

canの疑問文と答え方

Can you play the guitar?
（あなたはギターをひくことができますか。）

— Yes, I can. / No, I cannot.
（はい、できます。／いいえ、できません。）

◎「あなたは〜できますか」は　**Can you　〜?**　でたずねる。

◎答え方…「はい」　→　**Yes, I can.**
　　　　　「いいえ」→　**No, I can't.**

「彼は〜できますか」というときはCan he 〜?のように、主語を変えればよい。

cannotの短縮形を入れよう

| ふつうの文 | He can read this *kanji*. | （彼はこの漢字が読めます。） |
| 疑問文 | Can he read this *kanji*? | （彼はこの漢字が読めますか。） |

Canで文を始める　→　動詞

教科書check!
自分の教科書に出ているcanの疑問文とその答えの文を書こう。

疑問文に書きかえよう。

★ You can play *shogi*. （あなたは将棋ができます。）
→（　**Can**　）you（　**play**　）*shogi*? （あなたは将棋ができますか。）

★ Bill can swim fast. （ビルは速く泳げます。）
→（　**Can**　）（　**Bill**　）（　**swim**　）fast?（ビルは速く泳げますか。）

ミス注意!
canの疑問文では、be動詞やdoは使わない。
× Are you can make cookies.
○ Can you make cookies?
（あなたはクッキーを作れますか。）

日本語の意味をあらわす英文にしよう。

★ あなたは魚を料理できますか。 — はい、できます。
→（　Can　）you（　cook　）fish? — Yes,（　I　）（　can　）.

★ ヒル先生は運転できますか。 — いいえ、できません。
→（　Can　）Ms. Hill（　drive　）? — No,（　she　）（　can't　）.

[　]内の語を並べかえて、日本語の意味をあらわす英文にしよう。

★ あなたはあの鳥が見えますか。 [you / bird / that / can / see]?
→　**Can you see that bird?**

★ あなたは朝早く起きることができますか。
[early / get / in / can / up / you] the morning?
→　**Can you get up early in**　the morning?

Whatで始まるcanの疑問文

What can you see?
（あなたは何が見えますか。）

◎「何」「何の」とたずねるときは　**What**　で文を始める。

◎答え方…canを使って、具体的に「何ができるか」を答える。

日本語の意味をあらわす英文にしよう。

★ あなたは何が作れますか。 — スパゲッティが作れます。
→（　What　）（　can　）you cook?
— I（　can　）cook spaghetti.

★ あなたは何語を話すことができますか。 — 私は英語とフランス語が話せます。
→（　What　）（　language(s)　）（　can　）you speak?
— I（　can　）（　speak　）English and French.

自分のことについて、次の英語の質問に英語で答えよう。

★ What sport can you play? （あなたは何のスポーツができますか。）
—（例）I can play soccer. （私はサッカーができます。）

ぼくは
野球!

名詞の複数形

I have two cats.
（私はねこを2匹飼っています。）

1) 数えられる名詞と数えられない名詞
◎名詞には、数えられる名詞と数えられない名詞がある。
◎数えられる名詞で、2つ（2人）以上を表すときは複数形にする。
◎複数形は名詞の最後にsまたはesをつける。

| 数えられる名詞 | 数えられない名詞 |
| →「1つ、2つ」と数えられる | →「1つ、2つ」と数えられない |

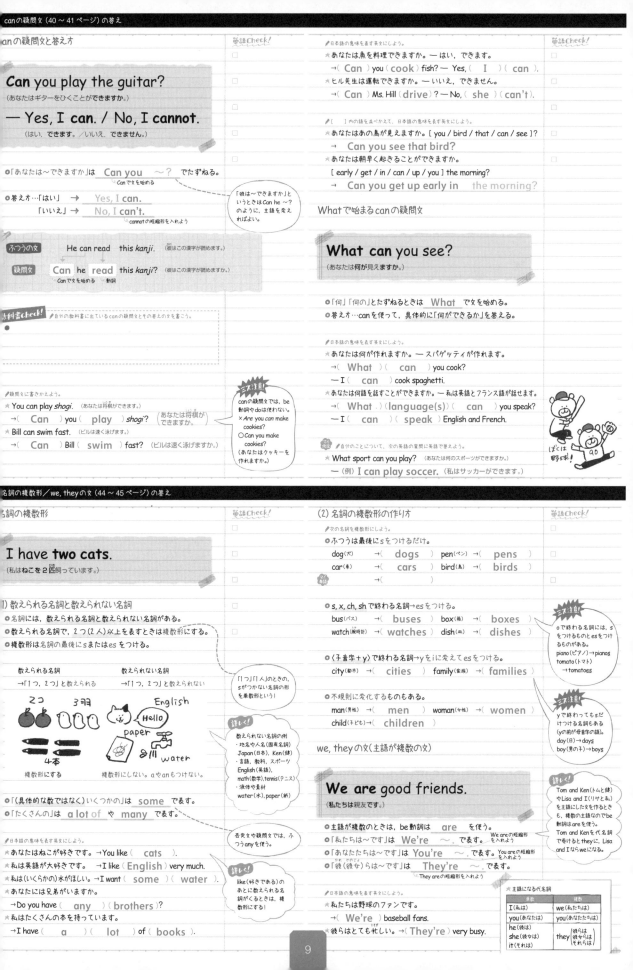

複数形にする。　　　複数形にしない。aやanもつけない。

「1つ」「1人」のときの、sがつかない名詞の形を単数形という!

詳しく!
数えられない名詞の例
・地名や人名（固有名詞）Japan（日本）、Ken（健）
・言語、教科、スポーツ English（英語）、math（数学）、tennis（テニス）
・液体や素材 water（水）、paper（紙）

◎「（具体的な数ではなく）いくつかの」は　**some**　で表す。
◎「たくさんの」は　**a lot of**　や　**many**　で表す。

否定文や疑問文では、ふつうanyを使う。

日本語の意味をあらわす英文にしよう。

★ あなたはねこが好きですか。→ You like（　cats　）.

★ 私は英語が大好きです。→ I like（ English ）very much.

★ 私は（いくらかの）水がほしい。→ I want（ some ）（ water ）.

★ あなたには兄弟がいますか。
→ Do you have（　any　）（ brothers ）?

★ 私はたくさんの本を持っています。
→ I have（　a　）（　lot　）of（ books ）.

詳しく!
like（好きである）のあとに数えられる名詞がくるときは、複数形にする!

---

(2) 名詞の複数形の作り方
次の名詞を複数形にしよう。

◎ふつうは最後にsをつけるだけ。

dog（犬）→（ dogs ）	pen（ペン）→（ pens ）
car（車）→（ cars ）	bird（鳥）→（ birds ）
→（　　　）	

◎s, x, ch, sh で終わる名詞にesをつける。

| bus（バス）→（ buses ） | box（箱）→（ boxes ） |
| watch（腕時計）→（ watches ） | dish（皿）→（ dishes ） |

◎〈子音字＋y〉で終わる名詞はyをiに変えてesをつける。

| city（都市）→（ cities ） | family（家族）→（ families ） |

◎不規則に変化するものもある。

| man（男性）→（ men ） | woman（女性）→（ women ） |
| child（子ども）→（ children ） | |

ミス注意!
oで終わる名詞には、sをつけるものとesをつけるものがある。
piano（ピアノ）→pianos
tomato（トマト）→tomatoes

ミス注意!
yで終わってもsだけつける名詞もある（yの前が母音字の語）。
day（日）→days
boy（男の子）→boys

we, theyの文（主語が複数の文）

We are good friends.
（私たちは親友です。）

◎主語が複数のときは、be動詞は　**are**　を使う。

◎「私たちは〜です」は　**We're**　〜　で表す。
We areの短縮形を入れよう

◎「あなたたちは〜です」は　**You're**　〜　で表す。
You areの短縮形を入れよう

◎「彼（彼女）らは〜です」は　**They're**　〜　で表す。
They areの短縮形を入れよう

詳しく!
Tom and Ken（トムと健）やLisa and I（リサと私）を主語にした文を作るときも、複数の主語なので動詞はareを使う。
Tom and Kenは代名詞で表すときはthey に、Lisa and I ならweになる。

日本語の意味をあらわす英文にしよう。

★ 私たちは野球のファンです。
→（　We're　）baseball fans.

★ 彼らはとても忙しい。→（ They're ）very busy.

★ 主語になる代名詞

単数	複数
I（私は）	we（私たちは）
you（あなたは）	you（あなたたちは）
he（彼は） she（彼女は） it（それは）	they（彼らは 彼女らは それらは）

数を表す語

単語Check!
↗このあとにあたる教科書の動出
単語とその意味を書こう。

I'm **thirteen** years old.
（私は13歳です。）

↗空所にあてはまる数を表す英語を書こう。

1～100までの数					
1	one	9	nine	17	seventeen
2	two	10	ten	18	eighteen
3	three	11	eleven	19	nineteen
4	four	12	twelve	20	twenty
5	five	13	thirteen	21	twenty-one
6	six	14	fourteen	25	twenty-five
7	seven	15	fifteen	30	thirty
8	eight	16	sixteen	31	thirty-one
40	forty	70	seventy	100	one hundred
50	fifty	80	eighty		
60	sixty	90	ninety	0はzeroという。	

●21以上の数は、十の位を表す単語（twentyなど）と一の位を表す単語（oneなど）をハイフン(-)でつないで表す。

詳しく! two(2)以上の数のあとに続く数えられる名詞は、four pens（4本のペン）のように複数形にする。

↗次の数を英語で書こう。
★ 32 (thirty-two) ★ 45 (forty-five)
★ 57 (fifty-seven) ★ 84 (eighty-four)

↗日本語の意味を表す英文にしよう。
★私はねこを3匹飼っています。
→I have (three)(cats).
★私たちの学校は創立100年です。
→Our school is (one [a])(hundred)(years) old.

How many ～?の文

単語Check!

How many pens do you have?
（あなたはペンを何本持っていますか。）
— I have ten pens. （10本持っています。）

●「いくつ？」と数をたずねるときは How many ～? で表す。
● How manyのあとには、名詞の複数形がくる。
●答え方→数を答える。

疑問文 Do you have two dogs? （あなたは2匹の犬を飼っていますか。）
何匹の犬？
How many ～? How many dogs do you have?
「いくつ」と数をたずねる　名詞の複数形　（あなたは何匹の犬を飼っていますか）

教科書check! 自分の教科書に出ているHow many ～?の文とその答えの文を書こう。

↗日本語の意味を表す英文にしよう。
★あなたには兄弟が何人いますか。—1人います。
→ (How)(many)(brothers) do you have?
—I have (one).
★あなたはりんごがいくつ必要ですか。—3個くらいです。
→ (How)(many)(apples) do you need?
—About (three).

詳しく! aboutは「約、およそ」の意味。答えの数の前につける。答えの文にしないで、数だけを答えることもある。

命令文

単語Check!
↗このあとにあたる教科書の動出
単語とその意味を書こう。

Use my pen. （私のペンを使って。）
Please use my pen. （私のペンを使ってください。）

(1) 一般動詞の命令文
●命令文…「～しなさい」や「～してください」という文。
●主語を省略して、動詞で文を始める。
●「～してください」と命令の調子をやわらげていうときは、文の最初か最後に please をつける。

ふつうの文 You wash your hands. （あなたは手を洗います。）
主語は省略
命令文 Wash your hands. （手を洗いなさい。）
動詞で文を始める！
Please wash your hands. （手を洗ってください。）
pleaseをつけると、命令の調子がやわらぐ

注意! pleaseを文の最後につけるときは、Wash your hands, please.のように、コンマをつける。

教科書check! 自分の教科書に出ている一般動詞の命令文を書こう。

↗命令文に書きかえよう。
★ You stand up. （あなたは立ちます。）
→ (Stand) up. （立ちなさい。）
★ You open your textbook. （あなたは教科書を開きます。）
→ (Open) your textbook. （教科書を開きなさい。）

詳しく! 命令文に「はい」と応じるときは、All right.（わかりました。）やSure.（いいですよ。）などを使う。

↗日本語の意味を表す英文にしよう。
★私の傘を使って。—ありがとう。
→ (Use) my umbrella. — Thank you.
★私といっしょに来て。—いいですよ。
→ (Come) with me. — Sure.
★あの木を見てください。
→ (Please)(look) at that tree.
★ドアを閉めてください。
→ (Close) the door, (please).

(2) be動詞の命令文
●be動詞を使って、「～でいなさい」というときは Be ～. で表す。
am, are, isの原形

ふつうの文 You are careful. （あなたは注意深いです。）
主語は省略　be動詞を原形のbeにする
命令文 Be careful. （注意深くありなさい。→気をつけなさい。）
Beで文を始める！
Please be careful. （気をつけてください。）
pleaseをつけると、命令の調子がやわらぐ

詳しく! 原形とは変化しないもとの形のこと。be動詞（am, are, is）の原形はbe。

↗日本語の意味を表す英文にしよう。
★マイク、よい子でいなさい。
→Mike, (be) a good boy.
★友達に親切にしなさい。
→ (Be) kind to your friends.
★静かにしてください。
→ (Be) quiet, (please).

注意! このMike（マイク）は呼びかけの語。主語ではない。

be kind to ～は「～に親切である」という意味。

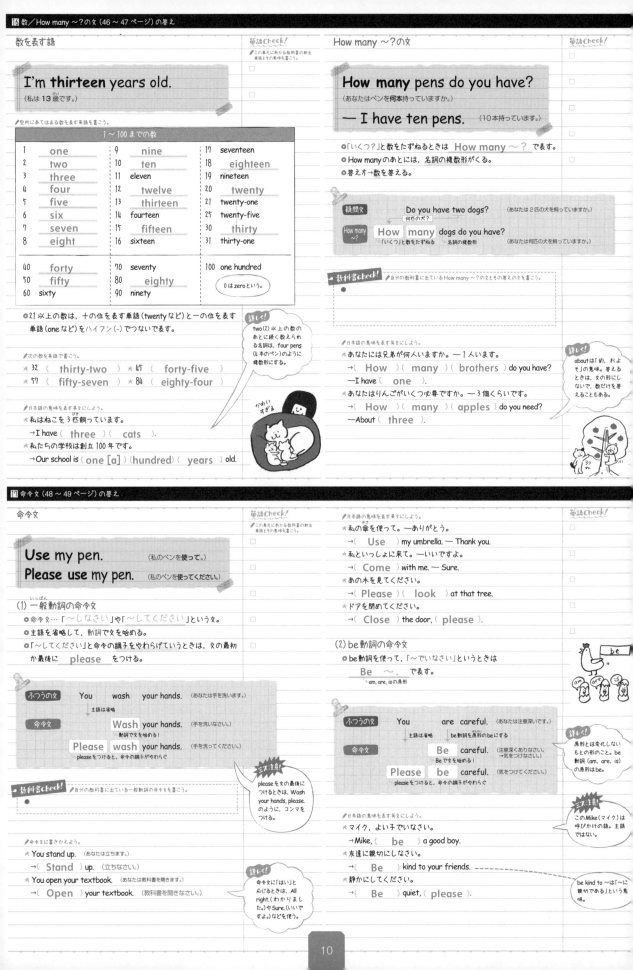

Don't ～.の文（否定の命令文）

Don't use my dictionary.
（私の辞書を使ってはいけません。）

◎「～しないで」「～してはいけません」は、 **Don't** で文を始めて、あとには動詞を続ける。

◎be動詞の否定の命令文は **Don't be ～.** で表す。

◎ **please** を文の最初か最後につけると、命令の調子をやわらげることができる。

ふつうの命令文	Swim here. （ここで泳ぎなさい。）
否定の命令文	Don't swim here. （ここで泳いではいけません。）

Don'tで文を始める　動詞

教科書check! 自分の教科書に出ているDon't ～.の文を書こう。
●

◆否定の命令文に書きかえよう。

★ Run here. （ここで走りなさい。）
→（ **Don't** ）（ **run** ） here. （ここで走ってはいけません。）

★ Open the window. （窓を開けなさい。）
→（ **Don't** ）（ **open** ） the window.
（窓を開けてはいけません。）

◆日本語の意味を表す英文にしよう。

★あまり速く歩かないで。 →（ **Don't** ）（ **walk** ） so fast.

★遅れないでください。
→Please（ **don't** ）（ **be** ） late.

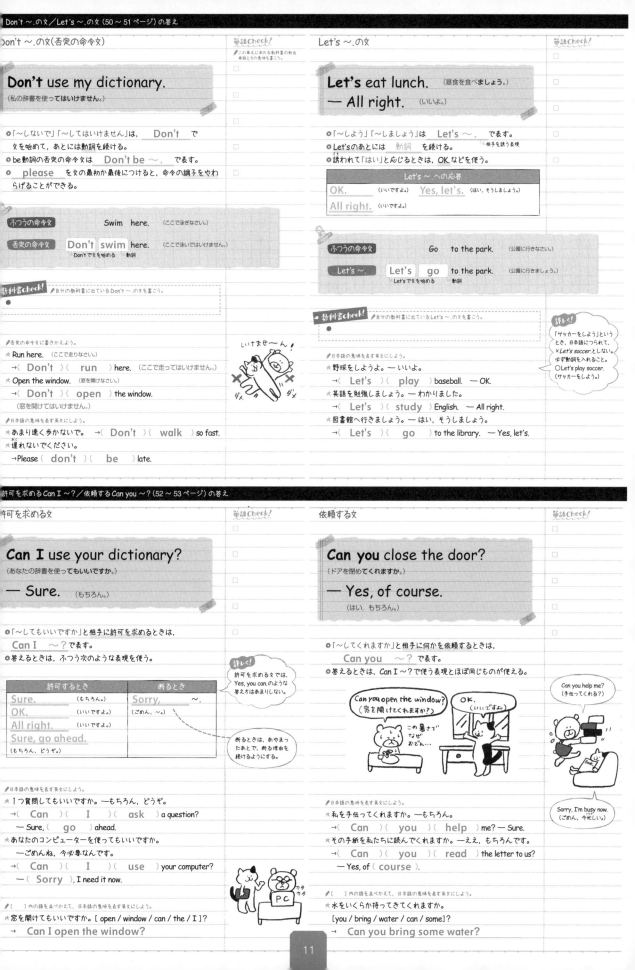
いけませーん！ ダメ ダメ

Let's ～.の文

Let's eat lunch. （昼食を食べましょう。）
— All right. （いいよ。）

◎「～しよう」「～しましょう」は **Let's ～.** で表す。

◎Let'sのあとには **動詞** を続ける。 相手を誘う表現

◎誘われて「はい」と応じるときは、OKなどを使う。

Let's ～.への応答	
OK. （いいですよ。）	Yes, let's. （はい、そうしましょう。）
All right. （いいですよ。）	

ふつうの命令文		Go to the park. （公園に行きなさい。）
Let's ～.	Let's go to the park.	（公園に行きましょう。）

Let'sで文を始める　動詞

教科書check! 自分の教科書に出ているLet's ～.の文を書こう。
●

◆日本語の意味を表す英文にしよう。

★野球をしようよ。 — いいよ。
→（ **Let's** ）（ **play** ） baseball. — OK.

★英語を勉強しましょう。 — わかりました。
→（ **Let's** ）（ **study** ） English. — All right.

★図書館へ行きましょう。 — はい、そうしましょう。
→（ **Let's** ）（ **go** ） to the library. — Yes, let's.

詳しく! 「サッカーをしよう」というとき、日本語につられて、×Let's soccer.としない。必ず動詞を入れること。〇Let's play soccer.（サッカーをしよう。）

許可を求める文

Can I use your dictionary?
（あなたの辞書を使ってもいいですか。）
— Sure. （もちろん。）

◎「～してもいいですか」と相手に許可を求めるときは、 **Can I ～？** で表す。

◎答えるときは、ふつう次のような表現を使う。

許可するとき		断るとき	
Sure.	（もちろん。）	Sorry, ～.	
OK.	（いいですよ。）		（ごめん、～。）
All right.	（いいですよ。）		
Sure, go ahead.			
（もちろん、どうぞ。）			

詳しく! 許可を求める文では、Yes, you can.のような答え方はあまりしない。

断るときは、あやまったあとで、断る理由を続けるようにする。

◆日本語の意味を表す英文にしよう。

★1つ質問してもいいですか。—もちろん、どうぞ。
→（ **Can** ）（ **I** ）（ **ask** ） a question?
— Sure,（ **go** ） ahead.

★あなたのコンピューターを使ってもいいですか。
—ごめんね、今必要なんです。
→（ **Can** ）（ **I** ）（ **use** ） your computer?
—（ **Sorry** ）, I need it now.

◆[ ]内の語を並べかえて、日本語の意味を表す英文にしよう。
★窓を開けてもいいですか。[open / window / can / the / I]？
→ **Can I open the window?**

依頼する文

Can you close the door?
（ドアを閉めてくれますか。）
— Yes, of course. （はい、もちろん。）

◎「～してくれますか」と相手に何かを依頼するときは、 **Can you ～？** で表す。

◎答えるときは、Can I ～？で使う表現とほぼ同じものが使える。

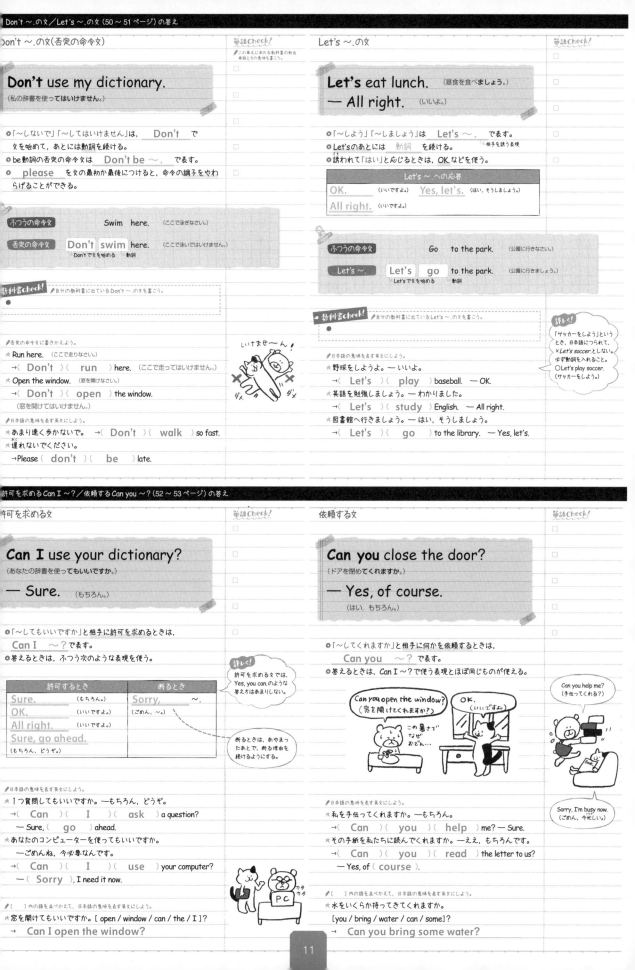
Can you open the window? （窓を開けてくれますか？）
OK. （いいですよ。）
この暑さでなぜおぞん…

Can you help me? （手伝ってくれる？）
Sorry, I'm busy now. （ごめん、今忙しい。）

◆日本語の意味を表す英文にしよう。

★私を手伝ってくれますか。—もちろん。
→（ **Can** ）（ **you** ）（ **help** ） me? — Sure.

★その手紙を私たちに読んでくれますか。—ええ、もちろんです。
→（ **Can** ）（ **you** ）（ **read** ） the letter to us?
— Yes, of（ **course** ）.

◆[ ]内の語を並べかえて、日本語の意味を表す英文にしよう。
★水をいくらか持ってきてくれますか。
[you / bring / water / can / some]？
→ **Can you bring some water?**

3人称単数現在の文

単語Check!
この上にあたる教科書の既出
単語とその意味を書こう。

● 教科書check! 自分の教科書に出ている3単現の文を書こう。

●

Tom **likes** music.

（トムは音楽が好きです。）

(1) 1人称・2人称・3人称

● 人称とは、「どんな立場の人・物か」、という考え方。
● 1人称→話し手（自分）を指す語。…I（私）やwe（私たち）
● 2人称→聞き手（相手）を指す語。…you（あなた、あなたたち）
● 3人称→1人称、2人称以外の人や物を指す語。

次の動詞を3単現の形にしよう。
● 動詞の最後にsをつける。

come（来る）→（ comes ）　cook（料理する）→（ cooks ）
eat（食べる）→（ eats ）　help（助ける）→（ helps ）
live（住む）→（ lives ）　play（する）→（ plays ）
read（読む）→（ reads ）　use（使う）→（ uses ）

人称とは
[I] [you] [she 🐟]
1人称（自分）　2人称（相手）　3人称

he（彼）、she（彼女）、
your dog（あなたの
犬）などなど、たくさ
んある。

日本語の意味を表す英文にしよう。
☆ 私はふつう学校に歩いて行きます。
→ I usually （ walk ） to school.
☆ 私の母は毎週末テニスをします。
→ My mother （ plays ） tennis every weekend.
☆ あゆみは新しいかばんをほしがっています。
→ Ayumi （ wants ） a new bag.
☆ 太郎と美穂は英語を話します。
→ Taro and Miho （ speak ） English.

ミス注意!
主語が3人称複数のとき
は、動詞にsはつかない!
×Ken and Tom plays ～.
○Ken and Tom play ～.

(2) 3単現の文

● 一般動詞の文で、主語がheやsheなどの3人称単数のときは、動詞にsをつける。
このsを「3単現のs」と呼ぶこともある

3単現は「3人称単数現在」の略。「単数」は「1人の人や1つの物のこと。

主語がI　I play soccer.（私はサッカーをします。）
主語が3人称単数　Ken plays soccer.（健はサッカーをします。）
動詞にsをつける

[　]内の語を並べかえて、日本語の意味を表す英文にしよう。
☆ アン（Ann）は神戸に住んでいます。[lives / in / Ann / Kobe].
→ Ann lives in Kobe.
☆ 私の姉は日曜日に昼食を作ります。
[my / cooks / sister / on / lunch] Sundays.
→ My sister cooks lunch on Sundays.
☆ トムは朝食にパンを食べます。
[bread / breakfast / Tom / for / eats].
→ Tom eats bread for breakfast.

play s
複数なら
いらない。

注意する一般動詞の3単現

単語Check!

Mary **has** a dog.

（メアリーは犬を飼っています。）

● 3単現のsは、一般動詞の語尾によって、つけ方が変わる。

次の動詞を3単現の形にしよう。
● o, s, x, ch, shで終わる語→esをつける。
do（する）→（ does ）　go（行く）→（ goes ）
pass（手渡す）→（ passes ）　teach（教える）→（ teaches ）
wash（洗う）→（ washes ）

ミス注意!
ay, uy, ey, oy（母音字+y）で終わる語は、そのままsをつける。
say（言う）→says
play（する）→plays

● 〈子音字+y〉で終わる語はyをiに変えてesをつける。
study（勉強する）→（ studies ）　try（ためす）→（ tries ）

● haveは不規則に変化する。
have（持っている）→（ has ）
havesにはならない

日本語の意味を表す英文にしよう。
☆ トムは夕食後に宿題をします。
→ Tom （ does ） his homework after dinner.
☆ 私の兄は自転車で学校へ行きます。
→ My brother （ goes ） to school by bike.
☆ リサは朝、テレビを見ます。
→ Lisa （ watches ） TV in the morning.
☆ 彩（Aya）には妹が1人います。
→ Aya has a sister.
☆ 佐藤先生（Mr. Sato）は国語を教えます。
→ Mr. Sato teaches Japanese.

主語が3人称単数の一般動詞の否定文

Ken **does not** speak French.

（健はフランス語を話しません。）

● 主語が3人称単数のとき、一般動詞の否定文は、動詞の原形の前に doesn't を入れる。
sやesがつかない、動詞のもとの形
does notの短縮形を入れよう

ふつうの文　Ken plays tennis.（健はテニスをします。）
動詞にsをつける
動詞の前に
否定文　Ken doesn't play tennis.（健はテニスをしません。）
動詞は原形

● 教科書check! 自分の教科書に出ている3単現の否定文を書こう。

●

ミス注意!
doesn'tのあとの動詞は、必ず原形にする。
「彼は料理をしません。」
×He doesn't cooks.
○He doesn't cook.

否定文に書きかえよう。
☆ He eats natto.（彼は納豆を食べます。）
→ He （ does ） not （ eat ） natto.（彼は納豆を食べません。）
☆ Ann gets up at six.（アンは6時に起きます。）
→ Ann （ doesn't ） （ get ） up at six.（アンは6時に起きません。）
☆ She has a cat.（彼女はねこを飼っています。）
→ She （ doesn't ） （ have ） a cat.（彼女はねこを飼っていません。）

日本語の意味を表す英文にしよう。
☆ ボブ（Bob）はこの自転車を使いません。
→ Bob doesn't use this bike.
☆ 私の姉は数学が好きではありません。
→ My sister doesn't like math.

主語が3人称単数の一般動詞の疑問文

単語Check！
□
□
□

Does Tom have a dog? （トムは犬を飼っていますか。）
— Yes, he does. / No, he does not.

（はい，飼っています。／いいえ，飼っていません。）

1) 疑問文と答え方

● 主語が3人称単数のとき，「～しますか」は **Does** で
文を始める。動詞は必ず原形。

● 答え方…「はい」→ Yes, ～ **does**.
「いいえ」→ No, ～ **doesn't**.
does not の短縮形を入れよう

答えの文では，疑問文の主語を代名詞で受けよう。
1人の男性→he
1人の女性→she
1つの物→it

ふつうの文	Ken **walks** to school.	（健は歩いて学校へ行きます。）
文の最後に		
疑問文 **Does**	Ken **walk** to school?	（健は歩いて学校へ行きますか。）
	動詞は原形	

教科書check！ ♪自分の教科書に出ている3単現の疑問文とその答えの文を書こう。
●

♪疑問文に書きかえよう。

★ Jim lives in Kyoto. （ジムは京都に住んでいます。）

→（ Does ）Jim（ live ）in Kyoto? ジムは京都に住んでいますか。

★ Kate washes the dishes. （ケイトは皿を洗います。）

→（ Does ）Kate（ wash ）the dishes?
（ケイトは皿を洗いますか。）

ミス注意！
疑問文の動詞は必ず原形！
× Does he *plays* ～?
○ Does he play ～?

♪日本語の意味をあらわす英文にしよう。 単語Check！
□
★ あなたのお兄さんはギターをひきますか。
—はい，ひきます。
→（ Does ）your brother（ play ）the guitar?
— Yes,（ he ）（ does ）. □

★ ヒルさんは日本語を話しますか。
—いいえ，話しません。
→（ Does ）Ms. Hill（ speak ）Japanese?
— No,（ she ）（ doesn't ）.

(2) What で始まる疑問文

● 「何」「何の」とたずねるときは **What** で文を始める。
● 主語が3人称単数のときは，does ～?の疑問文を続ける。
● 答え方…具体的に「何か」「何をするのか」を答える。

一般動詞の疑問文	Does he want a camera?	（彼はカメラがほしいのですか。）
	文の最後に 何？	
What ～?	**What** does he want?	（彼は何がほしいのですか。）
	一般動詞の疑問文	

♪日本語の意味をあらわす英文にしよう。

★ 健は放課後，何をしますか。—彼は野球をします。
→（ What ）（ does ）Ken（ do ）after school?
—（ He ）（ plays ）baseball.

★ 由美は何の教科が好きですか。—彼女は理科が好きです。
→（ What ）（ subject(s) ）（ does ）Yumi like?
—（ She ）（ likes ）science.

★ あなたのお母さんはどんな動物が好きですか。
—犬が好きです。
→ What animal(s) does your mother like?
— She likes dogs.

答えの文の主語を代名詞で受けることも忘れない！

your mother
パン工場
she

時刻のたずね方と答え方

単語Check！
この答えにあたる教科書の頻出単語とその意味を書こう。
□

What time is it? （何時ですか。）
— It is three. （3時です。）
□

● 「（今）何時ですか。」は **What time is it?** でたずねる。

● 時刻をたずねたり，答えたりするときは，主語を **it** にする。
この場合，「それ」という意味はない。

● 時刻は，**It's** のあとに「時」「分」の順で数を並べる。
It is の短縮形を入れよう

● 「朝の6時」などのように，くわしくいう場合は，次の語句を使う。

詳しく！
it は時刻のほかに，曜日，天気，日付，寒暖などをいうときの主語にも使う。

空所に適する英語を書こう。

時を表す語句	
朝の，午前中の	in the morning
午後の	in the afternoon
晩の，夕方の	in the evening
～時（ちょうど）	～ o'clock

（例）six in the morning（朝の6時）

詳しく！
「午前」は a.m.，
「午後」は p.m. でまし，時刻のあとにおくこともある。
8 p.m.（午後8時）

教科書check！ ♪自分の教科書に出ている時刻をたずねる文とその答えの文を書こう。
●

♪日本語の意味をあらわす英文にしよう。

★ 4時10分です。 →It's（ four ）（ ten ）.

★ 1時（ちょうど）です。→It's（ one ）（ o'clock ）.

★ 8時30分です。 → It's eight thirty.

★ 朝の6時です。 → It's six in the morning.

★ 午後2時です。 → It's two in the afternoon.
└It's two p.m. でもよい。

詳しく！
「～時（ちょうど）だ」は，
It's ～ o'clock で表す。
o'clock を省略して数だけで表しても OK。
「7時です。」
It's seven o'clock.
It's seven.

♪日本語の意味をあらわす英文にしよう。 単語Check！
□
★ 何時ですか。—5時20分です。
→ What time is it? — It's five twenty.

「何時に～しますか」の文と答え方

What time do you get up? （あなたは何時に起きますか。）
— I get up at six. （私は6時に起きます。）

● 「あなたは何時に～しますか」は What time do you ～? でたずねる。

● 「…時に（～します）」と答えるときは，**at** のあとに時刻を続けて表す。
「～時ごろに」だったら (at) about [around] ～

時刻を答えるとき，前の語句 (I get up) を省略して，At six と時刻の部分だけを短くいうこともある。

'一日の流れ'

get up have breakfast
（起きる） （朝食を食べる）

get home take a bath go to bed
（家につく） （ふろに入る） （寝る）

♪日本語の意味をあらわす英文にしよう。 単語Check！
□
★ あなたは何時に家を出ますか。—7時50分です。
→（ What ）（ time ）do you leave home?
—（ At ）seven fifty.

★ あなたのお父さんは何時に帰宅しますか。—10時ごろに帰宅します。
→（ What ）time（ does ）your father get home?
— He gets home at（ about ）ten. □

★ あなたはたいてい何時に寝ますか。—11時ごろに寝ます。
→ What time do you usually go to bed?
— I go to bed (at) about eleven.
└(At) about eleven. でもよい。

曜日のたずね方と答え方

単語Check!
□
□
□

What day is it today? （今日は何曜日ですか。）
— It is Tuesday. （火曜日です。）

◎「今日は何曜日ですか。」は　What day　is it today?
でたずねる。
◎答え方…itを主語にして，　It's ～.　の形で曜日を答える。
It isの短縮形を入れよう

■空所に適する英語を書こう。

曜日の言い方			
日曜日	Sunday	木曜日	Thursday
月曜日	Monday	金曜日	Friday
火曜日	Tuesday	土曜日	Saturday
水曜日	Wednesday		

曜日は必ず大文字で
書き始める。

■日本語の意味を表す英文にしよう。
★今日は何曜日ですか。—金曜日です。
→　What day is it today? —　It's Friday.

きんようび
（いっ）　ほーい

日付のたずね方と答え方

What is the date today? （今日は何月何日ですか。）
— It is October 5. （10月5日です。）

◎「今日は何月何日ですか。」は　What's the date today?
でたずねる。
What isの短縮形を使おう
◎答え方…itを主語にして，　It's ～.　の形で日付を答える。
It isの短縮形を入れよう
◎日付は「月」「日」の順で表す。「日」は序数で読む。

序数は「1番目，2番目…」
と順番を表すときに使う。
one, two…などのふつう
の数（基数）と使い分ける。

■空所に適する英語を書こう。

月の言い方			*月は必ず大文字で書き始める。		
1月	January	5月	May	9月	September
2月	February	6月	June	10月	October
3月	March	7月	July	11月	November
4月	April	8月	August	12月	December

■空所に適する英語を書こう。

序数					
1番目	first	9番目	ninth	17番目	seventeenth
2番目	second	10番目	tenth	18番目	eighteenth
3番目	third	11番目	eleventh	19番目	nineteenth
4番目	fourth	12番目	twelfth	20番目	twentieth
5番目	fifth	13番目	thirteenth	21番目	twenty-first
6番目	sixth	14番目	fourteenth	29番目	twenty-ninth
7番目	seventh	15番目	fifteenth	30番目	thirtieth
8番目	eighth	16番目	sixteenth	31番目	thirty-first

序数は，4番目以降はふ
つうの数にthをつける
のが基本だけど，5, 8, 9,
12, 20などはつづりが
変わるので要注意。

■日本語の意味を表す英文にしよう。
★今日は何月何日ですか。—3月21日です。
→（ What's ）the（ date ）today?
—（ It's ）March 21.

三次注意
「日」は数字で書くこ
とが多いけど，読む
ときは必ず序数で。
21は(the) twenty-
first と読む。

・特別な使い方をするit・

時刻　It's five o'clock.
（5時です。）

季節　It's summer now.
（今は夏です。）

天候　It's cold today.
（今日は寒いです。）

さむい
ブルブル

単語Check!
□
□
□

Who ～?の文

単語Check!
□
□

Who is that boy? （あの少年はだれですか。）
— He is my friend, Bill. （彼は私の友達のビルです。）

◎「だれ」という意味の疑問詞は　who　で，いつも文の最初にくる。
◎「～はだれですか」は　Who's　～? でたずねる。
Who isの短縮形を入れよう
◎答え方…He's ～. などの形でその人の名前や立場などを答える。

●教科書check!　■自分の教科書に出ているWho ～?の文とその答えの文を書こう。
●

■日本語の意味を表す英文にしよう。
★この写真の男性はだれですか。—彼は私の父です。
→（ Who's ）the man in this picture? — He's my father.
★だれがピアノをひきますか。—アンです。
→（ Who ）（ plays ）the piano? — Ann（ does ）.

詳しく!
「だれが～しますか」と
たずねるときは，Who
cooks dinner?（だれが
夕食を作りますか）の
ように，Whoを主語に
してそのまま動詞を続
ける。Whoは3人称単
数あつかい。

前に出た動詞のくり
返しをさける語句。
ここでは，plays (the
piano)の代わり。

Whose ～?の文

Whose notebook is this? （これはだれのノートですか。）
— It is Ken's. （健の〈もの〉です。）

◎「だれの」という意味の疑問詞は　whose　で，あとに名詞を
続ける。
◎「だれの～ですか」は　Whose　～? でたずねる。
◎答え方…mine（私のもの），～'s（～のもの）などで持ち主を答える。
　73ページ参照

〈人名+'s〉は，「～の」
という意味のほか，
1語で「～のもの」と
いう意味もある。

ポエム
ノート
Ken

●教科書check!　■自分の教科書に出ているWhose ～?の文とその答えの文を書こう。
●

単語Check!
□
□

■日本語の意味を表す英文にしよう。
★これはだれのペンですか。—私のです。
→（ Whose ）pen is this? — It's（ mine ）.
★あれはだれのかばんですか。—それはトム（Tom）のです。
→　Whose bag is that? —　It's Tom's.

Which ～?の文

Which bag is yours? （どのかばんがあなたのですか。）
— The small one is. （その小さいのです。）

どっち
じゃ～

◎「どちら，どれ」という意味の疑問詞は　which　。whichの
あとに名詞を続けると，「どちらの，どの～?」という意味。
◎「どちらが～ですか」は　Which is　～? でたずねる。
◎「あなたはどちらを～しますか」は　Which do you ～?
でたずねる。
◎答え方…具体的に選んだものを答える。

詳しく!
代名詞のoneは，前に出
た名詞の代わりをして〈a
+名詞〉と同じ働きをする。

■日本語の意味を表す英文にしよう。
★紅茶とコーヒーなら，どちらがほしいですか。—紅茶がほしいです。
→（ Which ）do you want, tea（ or ）coffee?
— I want tea.
★どのバスが駅へ行きますか，これですかあれですか。—あのバスです。
→（ Which ）bus goes to the station, this one or that one?
— That one does.

whichの疑問文の最後に
A or B（AかBか）をつけ
て，2つの中から選ばせ
る言い方。

When ～?の文

単語Check!

When is the festival?　（お祭りはいつですか。）
— **Next Friday.**　（次の金曜日です。）

◎「いつ?」と時をたずねる疑問詞は　**when**　。
◎「～はいつですか」は　**When's**　～?　でたずねる。
　When is の短縮形を入れよう
◎「あなたはいつ～しますか」は　**When do you**　～?
　でたずねる。
　　3人称単数の主語なら、When does ～?の形。
◎答え方…具体的に時を答える。

🖊 空所に適する英語を書こう。

時を表す語句

朝に、午前中に	**in**	the morning	放課後に	**after**	school
夕食前に	**before**	dinner	夕食後に	**after**	dinner
日曜日に	**on**	Sunday	6月に	**in**	June

🖊 日本語の意味をあらわす英文にしよう。

★あなたの誕生日はいつですか。―8月13日です。
　→（ **When's** ）your birthday?
　　— It's（ **August** ）13.
★あなたはいつ宿題をしますか。―夕食後です。
　→（ **When** ）（ **do** ）you do your homework?
　　—（ **After** ）（ **dinner** ）.
★日本では新学期はいつ始まりますか。―4月です。
　→（ **When** ）（ **does** ）the school year start in Japan?
　　—（ **In** ）（ **April** ）.

in
summer（夏に）

on
January 1（1月1日に）

Where ～?の文

単語Check!

Where is my bag?　（私のかばんはどこにありますか。）
— **It is on the desk.**　（机の上にあります。）

◎「どこ?」と場所をたずねる疑問詞は　**where**　。
◎「～はどこですか」は　**Where's**　～?　でたずねる。
　Where is の短縮形を入れよう
◎「あなたはどこで～しますか」は　**Where do you**　～?
　でたずねる。
　　3人称単数の主語なら、Where does ～?の形。
◎答え方…具体的に場所を答える。

「どこの出身?」と相手にたずねるときは Where are you from?といえばよい。

🖊 空所に適する英語を書こう。

場所を表す語句

かばんの中に	**in**	the bag	机の上に	**on**	the desk
いすの下に	**under**	the chair	ドアのそばに	**by [near]**	the door
公園で	**in [at]**	the park	この近くに	**near here**	
東京で	**in**	Tokyo	向こうに	**over there**	
学校で	**at**	school			

● 教科書check!　🖊 自分の教科書に出ている Where ～?の文とその答えの文を書こう。

単語Check!

🖊 日本語の意味をあらわす英文にしよう。

★あなたのねこはどこにいますか。― いすの下にいます。
　→（ **Where's** ）your cat? — It's（ **under** ）the chair.
★彼らはどこでバスケットボールをしますか。― 体育館です。
　→（ **Where** ）（ **do** ）they play basketball?
　　—（ **In [At]** ）the gym.

いろいろな How ～?の文

単語Check!

How is the weather in London?
（ロンドンの天気はどうですか。）
— **It is sunny.**　（晴れています。）

◎「どう?」と様子や天気をたずねるときは　**How**　を使う。
◎「～はどうですか」は　**How's**　～?　でたずねる。How is の短縮形を入れよう
◎「天気はどうですか」は　**How's the weather?**　でたずねる。

🖊 日本語の意味をあらわす英文にしよう。

★お母さんはお元気ですか。―とても元気です。
　→（ **How** ）is your mother? — She's just fine.
★京都の天気はどうですか。―今日は雨です。
　→ **How's the weather in Kyoto?**
　　— **It's rainy today.**

くわしく!
天気を表す語には、
・sunny（晴れた）
・rainy（雨の）
・cloudy（くもりの）
などがある。

How do you come to school?
（あなたはどうやって学校に来ますか。）
— **By bus.**（バスでです。）

◎howは手段や方法をたずねるときにも使う。
◎「あなたはどのように～?」は　**How do you**　～?　でたずねる。
◎答え方…「(交通手段を示して) ～で」**by**　～　の形などを使う。
　　by bike（自転車で）や by bus（バスで）など

🖊 日本語の意味をあらわす英文にしよう。

★彩はどのようにして駅へ行きますか。―自転車でです。
　→（ **How** ）does Aya go to the station? —（ **By** ）bike.
★あなたはどうやって学校へ行きますか。―歩いて行きます。
　→（ **How** ）do you go to school? — I（ **walk** ）to school.

くわしく!
「私はどうすれば～できますか」とやり方をたずねるときは、How can I ～?でたずねる。

・How can I get to Tokyo Station?
（東京駅へはどうやって行けますか。）

How much～?などの文

単語Check!

How much is this shirt?
（このシャツはいくらですか。）
— **It is 20 dollars.**　（20ドルです。）

◎ How many ～?（いくつの～?）と同じように、Howのあとに形容詞や副詞を続けて、「どのくらいの～」などとたずねることができる。

程度をたずねる How　🖊 空所に適する英語を書こう。

値段・量	**How much** is this bag? （このかばんはいくらですか。）
	— It's five thousand yen. （5000円です。）
長さ	**How long** is the class? （授業はどのくらいの長さですか。）
	— Fifty minutes (long). （50分です。）
年齢・古さ	**How old** are you? （あなたは何歳ですか。）
	— I'm thirteen (years old). （13歳です。）

How long は、ものの長さを聞くときにも使う。
How long is this river?
（この川はどのくらいの長さですか。）

🖊 日本語の意味をあらわす英文にしよう。

★この腕時計はいくらですか。―70ドルです。
　→ **How much is this watch?**
　　— **It's seventy dollars.**
★あの橋はどのくらいの長さですか。―約100メートルです。
　→ **How long is that bridge?**
　　— **It's about one hundred meters long.**
★あなたの学校は創立何年 [どのくらい古い] ですか。―約50年です。
　→ **How old is your school?**
　　— **About fifty years old.**

How old は ものの古さをたずねるときにも使う。

How old are you?

代名詞の働き

That is my friend, Judy. I like her.
(あちらは私の友人のジュディーです。私は彼女が好きです。)

(1) 代名詞

◎代名詞とは、he(彼), she(彼女), it(それ) など, 具体的な名詞の代わりに使われることばのこと。

◎文の中での働きによって形が変わる。
- ・「〜は」(主語になる) …主格
- ・「〜の」(所有を表す) …所有格
- ・「〜を」「〜に」(動詞の目的語になる) …目的格

代名詞

∥空所に適する英語を書こう。

	単数				複数		
	〜は	〜の	〜を,〜に		〜は	〜の	〜を,〜に
私	I	my	me	私たち	we	our	us
あなた	you	your	you	あなたたち	you	your	you
彼	he	his	him	彼ら			
彼女	she	her	her	彼女たち	they	their	them
それ	it	its	it	それら			

教科書Check! ∥自分の教科書に出ているhimやher(目的格)を使った文を書こう。

∥空所に適する1語の代名詞を書こう。

★ Tom and I are good friends. (We) are in the same class.
(トムと私は親友です。私たちは同じクラスです。)

★ Those girls are Lisa and Beth. Do you know (them)?
(あれらの女の子はリサとベスです。あなたは彼女たちを知っていますか。)

仲良しすぎるよねー

∥日本語の意味を表す英文にしよう。
★ あれは彼らの学校です。 → That is (their) school.
★ これは彼のラケットです。→ This is (his) racket.
★ 私たちを手伝ってください。→ Please (help)(us).
★ 私を見てください。 →Look (at)(me).

at や with などの前置詞のあとに代名詞が1語だけ続くときは、目的格を使う。

(2) 「〜のもの」を表す代名詞

◎所有代名詞は1語で「〜のもの」という意味を表す。Whose 〜?
(だれの〜ですか)の文の答えでよく使う。

Whose bag is this?
(これはだれのかばんですか?)
It's mine.
(私のです。)

所有代名詞

∥空所に適する英語を書こう。

単数	mine (私のもの)	yours (あなたのもの)	his (彼のもの)	hers (彼女のもの)
複数	ours (私たちのもの)	yours (あなたたちのもの)	theirs (彼らのもの・彼女らのもの)	

∥日本語の意味を表す英文にしよう。
★ このぼうしは彼女のものです。
→ This hat is (hers).
★ あれはだれの自転車ですか。— 私のです。
→ (Whose) bike is that? — It's (mine).

現在進行形の文

この欄にあわせた教科書の新出単語とその意味を書こう。

He is playing the guitar in his room.
(彼は部屋でギターをひいています。)

(1) 現在進行形とは

現在形と現在進行形

∥空所に適する英語を書こう。

現在形
→ふだんすること、習慣でしていることをあらわす
She plays tennis.
(彼女は〈ふだん〉テニスをします。)

現在進行形
→ある動作を今している最中であることをあらわす
She is playing tennis.
(彼女は〈今〉テニスをしています。)

◎現在形は「ふだん〜する」のように習慣を表す。

◎現在進行形は「今〜しているところ」のように進行中の動作を表す。

(2) 現在進行形の文の形

◎be動詞のあとに動詞の ing形 を続ける。
└ 主語によって am, are, is を使い分ける

動詞の原形に ing をつけた形。(次ページ参照)

現在進行形の形

主語	be動詞	+ing
I	am	
You We They	are	doing など
He She	is	

→be動詞のあとに〜ing。

現在形	I		watch	TV with my mother.	(私は母とテレビを見ます。)
現在進行形	I	am	watching	TV with my mother.	(私は母とテレビを見ています。)

be動詞 動詞のing形

∥自分の教科書に出ている現在進行形の文を書こう。

∥日本語の意味を表す英文にしよう。
★ 私は、たいてい夕食後は本を読みます。
→ I usually (read) a book after dinner.
★ 私は音楽を聞いているところです。
→ I (am)(listening) to music.

(3) 動詞のing形の作り方

∥次の動詞をing形にしよう。

◎ふつうは動詞の最後にそのままingをつける。
play (スポーツなどを)する → (playing) cook (料理する) → (cooking)
read (読む) → (reading) study (勉強する) → (studying)
wait (待つ) → (waiting) talk (話す) → (talking)
( ) → ( )

◎eで終わる動詞→最後のeをとってingをつける。
write (書く) → (writing) make (作る) → (making)
use (使う) → (using) drive (運転する) → (driving)

◎最後の1字を重ねてingをつける。
run (走る) → (running) swim (泳ぐ) → (swimming)
put (置く) → (putting)

I'm singing!!

ing は動詞の原形につける。主語が3人称単数の場合は注意。
× Sam is plaing tennis.
○ Sam is playing tennis.
(サムはテニスをしています。)

∥日本語の意味を表す英文にしよう。
★ リサは自分の部屋で数学を勉強しています。
→Lisa (is)(studying) math in her room.
★ 健(Ken)は手紙を書いています。
→ Ken is writing a letter.
★ 私たちは彼を待っています。
→ We're waiting for him.

ワクワク…
サンタさーん

進行形にしない動詞

単語Check!

We **have** two cats.
（私たちはねこを 2 匹飼っています。）

◎状態を表す動詞はふつう進行形にしない。

動作を表す動詞と状態を表す動詞

動作を表す動詞
→進行形にできる

状態を表す動詞→進行形にしない

✐空所に適する英語を書こう。

know	like
（知っている）	（好きである）
have	want
（持っている）	（ほしがっている）

コレ！

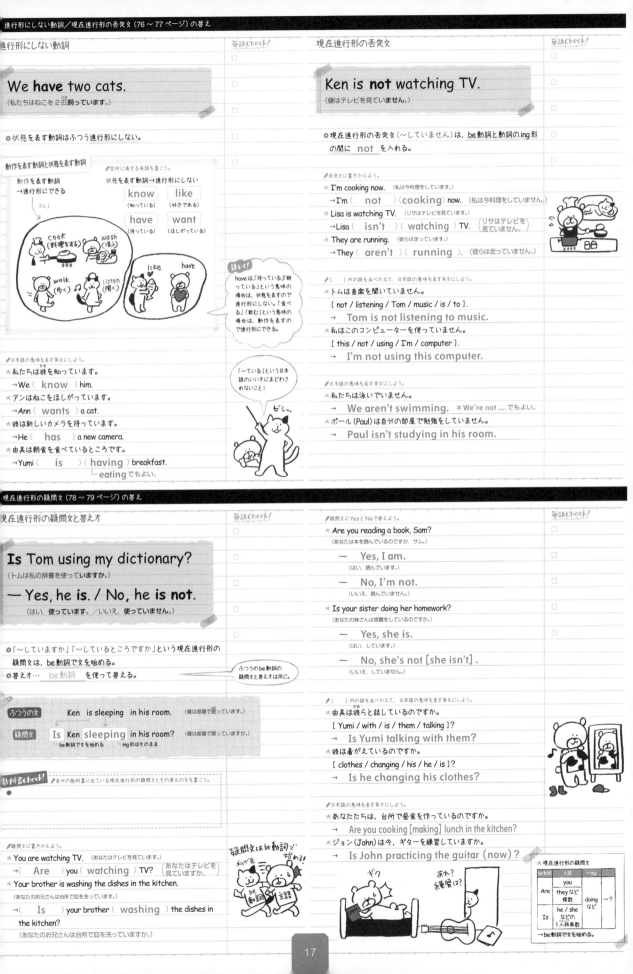

cook
（料理をする）

wash
（洗う）

walk
（歩く）

listen
（聞く）

like

have

詳しく！
haveは、「持っている」「飼っている」という意味の場合は、状態を表すので進行形にしない。「食べる」「飲む」という意味の場合は、動作を表すので進行形にできる。

✐日本語の意味を表す英文にしよう。
★私たちは彼を知っています。
→We（ know ）him.
★アンはねこをほしがっています。
→Ann（ wants ）a cat.
★彼は新しいカメラを持っています。
→He（ has ）a new camera.
★由美は朝食を食べているところです。
→Yumi（ is ）（ having ）breakfast.
└eatingでもよい。

「〜ている」という日本語のいい方にまどわされないこと！

ビシッ

現在進行形の否定文

単語Check!

Ken is **not** watching TV.
（健はテレビを見ていません。）

◎現在進行形の否定文（〜していません）は、be動詞と動詞のing形の間に__not__を入れる。

✐否定文に書きかえよう。
★I'm cooking now.　（私は今料理をしています。）
→I'm（ not ）（ cooking ）now.（私は今料理をしていません。）
★Lisa is watching TV.　（リサはテレビを見ています。）
→Lisa（ isn't ）（ watching ）TV.（リサはテレビを見ていません。）
★They are running.　（彼らは走っています。）
→They（ aren't ）（ running ）.（彼らは走っていません。）

✐[　]内の語を並べかえて、日本語の意味を表す文にしよう。
★トムは音楽を聞いていません。
[not / listening / Tom / music / is / to].
→　Tom is not listening to music.
★私はこのコンピューターを使っていません。
[this / not / using / I'm / computer].
→　I'm not using this computer.

✐日本語の意味を表す英文にしよう。
★私たちは泳いでいません。
→　We aren't swimming.　＊We're not ….でもよい。
★ポール（Paul）は自分の部屋で勉強をしていません。
→　Paul isn't studying in his room.

現在進行形の疑問文と答え方

単語Check!

Is Tom using my dictionary?
（トムは私の辞書を使っていますか。）

— Yes, he is. / No, he is **not**.
（はい、使っています。／いいえ、使っていません。）

◎「〜していますか」「〜しているところですか」という現在進行形の疑問文は、be動詞で文を始める。
◎答え方…__be動詞__を使って答える。

ふつうのbe動詞の疑問文と答え方は同じ。

ふつうの文	Ken　is sleeping　in his room.	（健は部屋で眠っています。）
疑問文	Is　Ken　sleeping　in his room?	（健は部屋で眠っていますか。）

be動詞で文を始める　　ing形はそのまま

教科書Check!　✐自分の教科書に出ている現在進行形の疑問文とその答えの文を書こう。

✐疑問文に書きかえよう。
★You are watching TV.　（あなたはテレビを見ています。）
→（ Are ）you（ watching ）TV?（あなたはテレビを見ていますか。）
★Your brother is washing the dishes in the kitchen.
（あなたのお兄さんは台所で皿を洗っています。）
→（ Is ）your brother（ washing ）the dishes in the kitchen?
（あなたのお兄さんは台所で皿を洗っていますか。）

疑問文はbe動詞で始め！

be動詞　主語

✐疑問文にYesとNoで答えよう。
★Are you reading a book, Sam?
（あなたは本を読んでいるのですか、サム。）
— Yes, I am.
（はい、読んでいます。）
— No, I'm not.
（いいえ、読んでいません。）
★Is your sister doing her homework?
（あなたの妹さんは宿題をしているのですか。）
— Yes, she is.
（はい、しています。）
— No, she's not [she isn't].
（いいえ、していません。）

✐[　]内の語を並べかえて、日本語の意味を表す文にしよう。
★由美は彼らと話しているのですか。
[Yumi / with / is / them / talking]?
→　Is Yumi talking with them?
★彼は着がえているのですか。
[clothes / changing / his / he / is]?
→　Is he changing his clothes?

✐日本語の意味を表す英文にしよう。
★あなたたちは、台所で昼食を作っているのですか。
→　Are you cooking [making] lunch in the kitchen?
★ジョン（John）は今、ギターを練習していますか。
→　Is John practicing the guitar (now)?

ギク

あれ？練習は？

▼現在進行形の疑問文

be動詞	主語	〜ing
Are	you	
	they など複数	doing など
Is	he / she などの3人称単数	〜?

→be動詞で文を始める。

疑問詞で始まる現在進行形の疑問文と答え方

What are you doing?
（あなたは（今）何をしていますか。）

— I am writing an e-mail.
（私はメールを書いています。）

(1) What で始まる疑問文

○「あなたは（今）何をしていますか。」は
What are you doing? でたずねる。

○答え方…現在進行形を使って、今していることを答える。

○doing をほかの動詞の ing 形に変えて、「何を～していますか。」などとたずねることもできる。

> What are you making?
> （あなたは何を作っていますか）など。

疑問文 文のはじめに		Are you cooking?（あなたは料理をしていますか。）
Whatの疑問文	何?	

		doing	?	（あなたは何をしていますか。）
What	are you			この疑問文には具体的に「何をしているか」を答える

What	are you	cooking	?	（あなたは何を料理していますか。）
				この疑問文には具体的に「何を料理しているか」を答える

✎ 日本語の意味をあらわす英文にしよう。

★あなたは何をしていますか。— 私は宿題をしています。
→（ What ）are you（ doing ）?
—（ I'm ）（ doing ）my homework.

★あなたは何を飲んでいますか。— 私は牛乳を飲んでいます。
→（ What ）are you（ drinking ）?
—（ I'm ）（ drinking ）milk.
   ＊drinking は having でもよい。

> 間に合わない！

34 ✎ 自分のことについて、次の英語の質問に英語で答えよう。

★Are you studying in your room?（あなたは自分の部屋で勉強していますか。）
→ Yes, I am.（はい。）/ No, I'm not.（いいえ。）

★What are you doing?（あなたは何をしていますか。）
→（例）I'm studying English.
   （私は英語を勉強しています。）

(2) Who で始まる疑問文

○「だれが～していますか」は、**Who is ～ing?** でたずねる。

○答え方…Ken is.（健です。）のように、主語と be 動詞で、だれがしているのかを答える。

疑問文 文のはじめに		だれ?	Is Ann running in the gym?（アンは体育館で走っていますか。）
Whoの疑問文	Who	is	running in the gym?（だれが体育館で走っていますか。）
			現在進行形の文を続ける

> Who がこの文の主語になっている。

> **ミス注意!** Who は3人称単数あつかいの語なので、be 動詞は is を使う。

✎ 日本語の意味をあらわす英文にしよう。

★だれが教室で歌っていますか。— 由紀（Yuki）です。
→（ Who ）（ is ）（ singing ）in the classroom?
—Yuki（ is ）.

★だれが向こうで泳いでいますか。— ジョン（John）です。
→（ Who ）（ is ）（ swimming ）over there?
—John（ is ）.

✎ [ ]内の語を並べかえて、日本語の意味をあらわす英文にしよう。

★だれがそのカメラを使っていますか。
[using / the / who / is / camera]?
→ Who is using the camera?

> カメラがない！ない！えっ

一般動詞の過去の文

I played tennis yesterday.
（私は昨日、テニスをしました。）

Amy went to the park last Sunday.
（エイミーはこの前の日曜日に公園に行きました。）

○過去のことをいうときは、動詞を過去形にする。

(1) 規則動詞の過去形　✎ 空所に適することばを書こう。

動詞	過去形の作り方		例	
ふつうの動詞	最後に ed をつける		visit（訪れる）→	（ visited ）
eで終わる動詞	最後に d をつける		live（住む）→	（ lived ）
studyやtryなど	y を i に変えて ed をつける		study（勉強する）→	（ studied ）
stopやplanなど	最後の1文字を重ねて ed をつける		stop（やめる）→	（ stopped ）

✎ 次の動詞を過去形にしよう。

watch（見る）→（ watched ）　look（見る）→（ looked ）
use（使う）→（ used ）　like（好きだ）→（ liked ）
plan（計画する）→（ planned ）　try（ためす）→（ tried ）
（　　）→（　　）

> **ミス注意!** y を i に変えるのは、語尾が〈子音字+y〉のとき。（母音字+y）のときは、そのまま ed をつける。
> play → played ×plaied
> enjoy → enjoyed ×enjoied
> stay → stayed ×staied

(2) 不規則動詞の過去形

○go（行く）→went、come（来る）→came のように、1語1語形が異なる。

✎ 次の動詞を過去形にしよう。

see（見る）→（ saw ）　make（作る）→（ made ）
have（持っている）→（ had ）　write（書く）→（ wrote ）
do（する）→（ did ）　get（手に入れる）→（ got ）
34（　　）→（　　）

> ★過去を表す語句
> ・yesterday（昨日）
> ・then（そのとき）
> ・last ～（この前の～）
> ・～ ago（～前に）

✎ 日本語の意味をあらわす英文にしよう。

★サラは先週、京都を訪れました。
→Sarah（ visited ）Kyoto（ last ）week.

★彼らは10年前、日本へ来ました。
→They（ came ）to Japan ten years（ ago ）.

34 ✎ 自分が昨日の夜にしたことを、英語で書こう。
→（例）I listened to music last night.
   （私は昨夜、音楽を聞きました。）

一般動詞の過去の否定文

I did not watch TV last night.
（私は昨夜、テレビを見ませんでした。）

○「～しませんでした」という否定文は、動詞の原形の前に **didn't** を入れる。

> did not の短縮形を入れよう

> 規則動詞でも不規則動詞でも、否定文の作り方は同じ。どちらも動詞の原形の前に didn't。
> ・He didn't study last night.
> ・I didn't swim last summer.
> （私はこの前の夏は泳ぎませんでした。）

ふつうの文	Mike		came	here yesterday.	（マイクは昨日、ここに来ました。）
		動詞の前に入れる	動詞は原形		
否定文	Mike	didn't	come	here yesterday.	（マイクは昨日、ここに来ませんでした。）

✎ 否定文に書きかえよう。

★I walked to school yesterday.
→ I didn't walk to school yesterday.
   （私は昨日、学校へ歩いて行きませんでした。）

★He had breakfast this morning.
→ He didn't have breakfast this morning.
   （彼は今朝、朝食を食べませんでした。）

★Lisa did her homework last night.
→ Lisa didn't do her homework last night.
   （リサは昨夜、宿題をしませんでした。）

> 動詞を原形にするのを忘れないように。
> ×Mike didn't went ～.
> ○Mike didn't go ～.

一般動詞の過去の疑問文と答え方

Did you **watch** the soccer game last night?

（あなたは昨夜，サッカーの試合を見ましたか。）

— Yes, I did. / No, I did not.

（はい，見ました。／いいえ，見ませんでした。）

◦「〜しましたか」という疑問文は　Did　で文を始め，動詞は原形

◦答え方…「は い」→ Yes, 〜　did　.

　　　　「いいえ」→ No, 〜　didn't　.

> 答えの文でも，主語に関係なく，did, didn't を使う。

| ふつうの文 | | Mike | came | here yesterday. | （マイクは昨日，ここへ来ました。） |
| 疑問文 | Did | Mike | come | here yesterday? | （マイクは昨日，ここへ来ましたか。） |

文の最初に／動詞は原形

♪ 日本語の意味を表す英文にしよう。

★ あなたは京都を訪れましたか。— はい，訪れました。

→（ Did ）you（ visit ）Kyoto?

　—（ Yes ），I（ did ）.

★ 彼は何か言いましたか。— いいえ，言いませんでした。

→（ Did ）he（ say ）anything?

　—（ No ），he（ didn't ）.

★ 彼女は昨夜，お母さんを手伝いましたか。

→ Did she help her mother　last night?

★ 彼らは傘を持っていきましたか。— いいえ，持っていきませんでした。

→ Did they take [bring]　their umbrellas?

　— No, they didn't.

> 過去の文では，主語が3人称単数でも疑問文の作り方は同じ。Did で文を始める。
> ・Did you play the guitar?（あなたはギターをひきましたか。）
> ・Did he eat breakfast?（彼は朝食を食べましたか。）

単語Check!

♪ 自分のことについて，次の英語の質問に英語で答えよう。

★ Did you study English yesterday?　（あなたは昨日，英語を勉強しましたか。）

→［例］Yes, I did.（はい，しました。）

　└「いいえ」なら No, I didn't.

疑問詞で始まる疑問文

What did you **do** last Sunday?

（あなたはこの前の日曜日に何をしましたか。）

◦「あなたは何を〜しましたか」とたずねるときは，

　What did you 〜 ?　でたずねる。

疑問詞を使う疑問文　◦空所に適する英語を書こう。

（ When ）did you see him?
（あなたたちはいつ彼を見たのですか。）

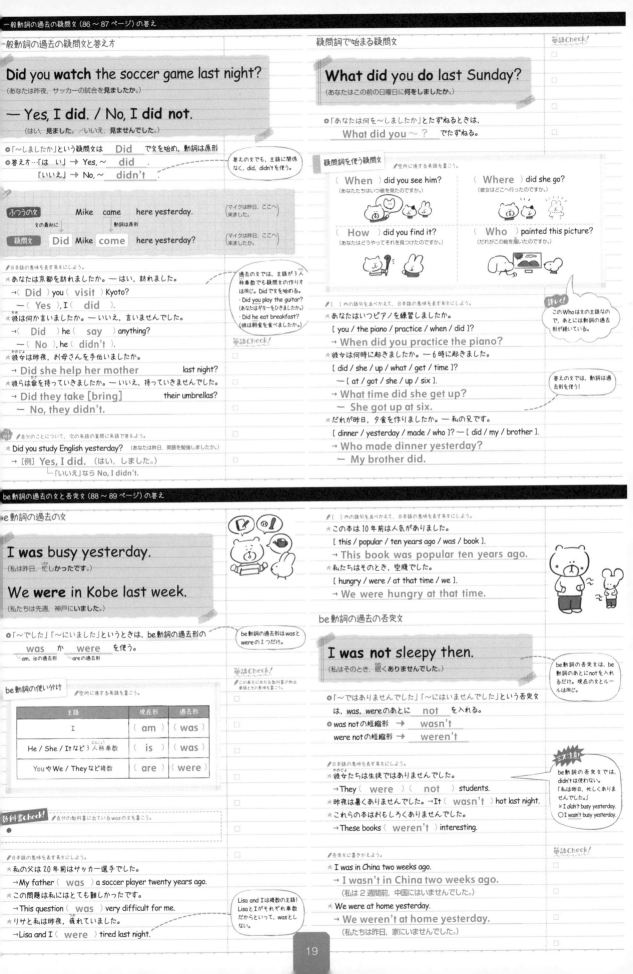

（ Where ）did she go?
（彼女はどこへ行ったのですか。）

（ How ）did you find it?
（あなたはどうやってそれを見つけたのですか。）

（ Who ）painted this picture?
（だれがこの絵を描いたのですか。）

> 詳しく！
> この Who は文の主語なので，あとには動詞の過去形が続いている。

♪［ ］内の語句を並べかえて，日本語の意味を表す英文にしよう。

★ あなたはいつピアノを練習しましたか。

［ you / the piano / practice / when / did ］?

→ When did you practice the piano?

★ 彼女は何時に起きましたか。— 6 時に起きました。

［ did / she / up / what / get / time ］?

　—［ at / got / she / up / six ］.

→ What time did she get up?

　— She got up at six.

★ だれが昨日，夕食を作りましたか。— 私の兄です。

［ dinner / yesterday / made / who ］?—［ did / my / brother ］.

→ Who made dinner yesterday?

　— My brother did.

> 答えの文では，動詞は過去形を使う！

be 動詞の過去の文

I **was** busy yesterday.

（私は昨日，忙しかったです。）

We **were** in Kobe last week.

（私たちは先週，神戸にいました。）

◦「〜でした」「〜にいました」というときは，be 動詞の過去形の

　was　か　were　を使う。

　am, is の過去形／are の過去形

> be 動詞の過去形は was と were の 2 つだけ。

単語Check!

◦この表にあてはまる教科書の新出単語とその意味を書こう。

be 動詞の使い分け　◦空所に適する英語を書こう。

主語	現在形	過去形
I	（ am ）	（ was ）
He / She / It など3人称単数	（ is ）	（ was ）
You や We / They など複数	（ are ）	（ were ）

教科書Check!　♪ 自分の教科書に出ている was の文を書こう。

♪ 日本語の意味を表す英文にしよう。

★ 私の父は 20 年前はサッカー選手でした。

→ My father（ was ）a soccer player twenty years ago.

★ この問題は私にはとても難しかったです。

→ This question（ was ）very difficult for me.

★ リサと私は昨夜，疲れていました。

→ Lisa and I（ were ）tired last night.

> Lisa and I は複数の主語！Lisa と I がそれぞれ単数だからといって，was としない。

♪［ ］内の語句を並べかえて，日本語の意味を表す英文にしよう。

★ この本は 10 年前は人気がありました。

［ this / popular / ten years ago / was / book ］.

→ This book was popular ten years ago.

★ 私たちはそのとき，空腹でした。

［ hungry / were / at that time / we ］.

→ We were hungry at that time.

be 動詞の過去の否定文

I **was** **not** sleepy then.

（私はそのとき，眠くありませんでした。）

> be 動詞の否定文は，be 動詞のあとに not を入れるだけ。現在の文とルールは同じ。

◦「〜ではありませんでした」「〜にはいませんでした」という否定文

　は，was, were のあとに　not　を入れる。

◦ was not の短縮形 →　wasn't

　 were not の短縮形 →　weren't

♪ 日本語の意味を表す英文にしよう。

★ 彼女たちは生徒ではありませんでした。

→ They（ were ）（ not ）students.

★ 昨夜は暑くありませんでした。

→ It（ wasn't ）hot last night.

★ これらの本はおもしろくありませんでした。

→ These books（ weren't ）interesting.

> ミス注意！
> be 動詞の否定文では，didn't は使えない。
> 「私は昨日，忙しくありませんでした。」
> × I didn't busy yesterday.
> ○ I wasn't busy yesterday.

♪ 否定文に書きかえよう。

★ I was in China two weeks ago.

→ I wasn't in China two weeks ago.

（私は 2 週間前，中国にはいませんでした。）

★ We were at home yesterday.

→ We weren't at home yesterday.

（私たちは昨日，家にいませんでした。）

単語Check!

be動詞の過去の疑問文と答え方

Was this question easy?
（この問題は簡単でしたか。）

— Yes, it was. / No, it was not.
（はい，簡単でした。／いいえ，簡単ではありませんでした。）

主語が these questions（複数）なら，Were these questions easy?（これらの問題は簡単でしたか。）となる。

◎「〜でしたか」「〜にいましたか」は，

Was 〜？ ， Were 〜？ でたずねる。
主語が3人称単数のとき　　主語がyouや複数のとき

◎答えるときも，was, were を使う。

答え方

◎ was か were かは答えの文の主語に合わせる！
空所に適する英語を書こう。

Were you sleepy?
（あなたは眠かったですか。）
（はい）Yes, I (was).
（いいえ）No, I (wasn't).

Were you in the kitchen?
（あなたたちは台所にいましたか。）
（はい）Yes, we (were).
（いいえ）No, we (weren't).

日本語の意味を表す英文にしよう。

★あなたは昨夜，家にいましたか。——いいえ，いませんでした。
→(Were) you at home last night?
—(No), I (wasn't).

★これらのDVDはおもしろかったですか。——はい，おもしろかったです。
→(Were) these DVDs interesting?
— Yes, (they)(were).

疑問文に書きかえよう。　　単語Check!

★ It was cold this morning.
→ **Was it cold this morning?**
（今朝は寒かったですか。）

★ They were tired yesterday.
→ **Were they tired yesterday?**
（彼らは昨日，疲れていましたか。）

疑問詞で始まる疑問文

Where were you then?
（あなたはそのときどこにいましたか。）

— I was in my room.
（私は自分の部屋にいました。）

◎ What，Where などの疑問詞で文を始めて，そのあとにbe動詞の疑問文を続ける。

◎「それは何でしたか。」なら，　What was　it?となる。

日本語の意味を表す英文にしよう。

★サムのお気に入りの食べ物は何でしたか。——さしみでした。
→(What)(was) Sam's favorite food?
— Sashimi.

★昨日の天気はどうでしたか。——くもりでした。
→(How)(was) the weather yesterday?
—(It)(was) cloudy.

★だれが教室にいましたか。——美紀とジムです。
→Who (was) in the classroom?
— Miki and Jim were.

過去進行形の文

I was watching TV then.
（私はそのときテレビを見ていました。）

◎「（そのとき）〜していました」は　was　または　were
主語がⅠや3人称単数のとき　　主語がyouや複数のとき

のあとに動詞のing形を続ける。

ing形の作り方は95ページ参照。

過去形と過去進行形

空所に適する英語を書こう。

過去形→過去に行った動作・すでに終わった出来事
I called you last night.
（私は昨夜，あなたに電話をしました。）

過去進行形→過去のある時点に進行中だった動作
I was sleeping then.
（私はそのとき，眠っていました。）

教科書Check! 自分の教科書に出ている過去進行形の文を書こう。
•

過去進行形の否定文

Lisa was not playing soccer.
（リサはサッカーをしていませんでした。）

◎「〜していませんでした」という過去進行形の否定文は，
be動詞と動詞のing形の間に　not　を入れる。

◎短縮形…was not は　wasn't　，
were not は　weren't

★過去進行形でよく使う語句
・then（そのとき）
・at that time（そのとき）
・at 〜（〜時に）

日本語の意味を表す英文にしよう。

★ぼくはコンピューターを使っていました。
→I (was)(using) a computer.

★私たちはプールで泳いでいました。
→We (were)(swimming) in the pool.

★田中さん（Mr. Tanaka）はそのとき歌っていませんでした。
→ Mr. Tanaka wasn't singing then [at that time].

★彼らはお皿を洗っていませんでした。
→ They weren't washing the dishes.

ミス注意!
eで終わる語は，最後のeをとってingをつける。swimは最後の1字mを重ねてingをつける。

単語Check!

過去進行形の疑問文と答え方

Were you cleaning the room?
（あなたは部屋をそうじしていましたか。）

— Yes, I was. / No, I was not.
（はい，していました。／いいえ，していませんでした。）

◎「〜していましたか」という過去進行形の疑問文は，be動詞の過去形の　Was　か　Were　で文を始める。

◎答え方…ふつうのbe動詞の過去の疑問文と同じ。

◎「あなたは（そのとき）何をしていましたか。」は，
　What were you doing?　でたずねる。

日本語の意味を表す英文にしよう。

★あなたは宿題をしていましたか。——はい，していました。
→(Were) you (doing) your homework?
—(Yes), I (was).

★彼は料理をしていましたか。——いいえ，していませんでした。
→(Was) he (cooking)? —(No), he (wasn't).

★あなたは何をしていましたか。
— 私はエマ（Emma）と話していました。
→ What were you doing?
— I was talking with Emma.

詳しく!
「はい」ならYes, 〜 [were] で，「いいえ」なら No, 〜 wasn't[weren't]. で答える。

していたことを過去進行形を使って具体的に〜

There is ～. / There are ～.の文

There is a pen on the desk.
（机の上にペンが1本あります。）

There are two pens on the desk.
（机の上にペンが2本あります。）

There is/There are に続く名詞がこの文の主語。主語が単数か複数で、is, are を使い分ける。

◎「～があります」「～がいます」は，
　主語が単数なら　There is ～.　で，短縮形は There's
　主語が複数なら　There are ～.　で表す。

There is の短縮形は There's。

♪ス注意!
There is ～.のあとには，the, my, your, Ken's などがついた名詞は使えない。「健のかばんは机の上にあります。」は，次のようにする。
○Ken's bag is on the desk.
×There is Ken's bag on the desk.

There is ～.と There are ～.

There（ is ）a banana.（バナナが1本あります。）	There（ are ）many bananas.（バナナがたくさんあります。）

♪空所に適する英語を書こう。

There is/There areの文でよく使われる場所を表す語句			
部屋の中に（ in ）the room	いすの下に（ under ）the chair
ベッドの上に（ on ）the bed	公園の近くに（ near ）the park

教科書Check! 自分の教科書に出ている There is ～. / There are ～.の文を書こう。
●

単語Check! この単元のためにある教科書の新出単語とその意味を書こう。□

♪日本語の意味を表す英文にしよう。
☆部屋の中に本が何冊かあります。
→（ There ）（ are ）some books（ in ）the room.
☆壁に絵がかかっています。
→（ There ）（ is ）a picture（ on ）the wall.
☆木の下に犬がいます。
→（ There ）（ is ）a dog（ under ）the tree.

There was ～. / There were ～.の文

◎「～がありました」「～がいました」という過去の文は，
　主語が単数なら　There was ～.　で，
　主語が複数なら　There were ～.　で表す。

♪[ ]内の語句を並べかえて，日本語の意味を表す英文にしよう。
☆公園には高い木がありました。
[the park / in / there / a tall tree / was].
→ There was a tall tree in the park.
☆窓のそばに女の子が3人いました。
[girls / were / by / three / there / the window].
→ There were three girls by the window.
☆この近くにレストランがいくつかありました。
[were / restaurants / near / some / there / here].
→ There were some restaurants near here.

There is ～. / There are ～.の否定文

◎「～がありません」「～がいません」という否定文は，
　主語が単数なら　There isn't ～.　で，
　　　　　　　　is not の短縮形を使おう
　主語が複数なら　There aren't ～.　で表す。
　　　　　　　　are not の短縮形を使おう

過去の文なら，
There wasn't ～. /
There weren't ～.
となる。

詳しく!
There are[were] not any ～.は「～は1つもありません[ありませんでした]」という意味。
この文は，There are [were] no ～.と表すこともできる。

「そこにはお店は1軒もありませんでした。」
・There weren't any shops there.
・There were no shops there.

♪否定文に書きかえよう。
☆ There is a calendar on the wall.
→（ There ）（ isn't ）a calendar on the wall.
（壁にはカレンダーはかかっていません。）
☆ There are some boys in the room.
→（ There ）（ aren't ）any boys in the room.
（部屋には男の子は1人もいません。）
☆ There were some flowers in the garden.
→（ There ）（ weren't ）any flowers in the garden.
（庭には花は1本もありませんでした。）

There is ～. / There are ～.の疑問文と答え方

Is there a clock in the classroom?
（教室に時計はありますか。）

— Yes, there is. / No, there is not.
（はい，あります。／いいえ，ありません。）

過去の疑問文は，
単数→Was there ～?
複数→Were there ～?
となる。

◎「～はありますか」「～はいますか」とたずねるときは，
　主語が単数なら　Is there ～?　で，
　主語が複数なら　Are there ～?　で表す。

♪空所に適する英語を書こう。

答え方			
疑問文	Yesの答え	Noの答え there's not ともいう。	
Is there ～?	Yes,（ there ）（ is ）.	No,（ there ）（ isn't ）.
Are there ～?	Yes,（ there ）（ are ）.	No,（ there ）（ aren't ）.
Was there ～?	Yes,（ there ）（ was ）.	No,（ there ）（ wasn't ）.
Were there ～?	Yes,（ there ）（ were ）.	No,（ there ）（ weren't ）.

♪疑問文に書きかえよう。
☆ There is a pencil on the desk.
→ Is there a pencil on the desk?
（机の上に鉛筆はありますか。）
☆ There's a museum near here.
→ Is there a museum near here?
（この近くに博物館はありますか。）
☆ There was a park by the river.
→ Was there a park by the river?
（川のそばに公園はありましたか。）
☆ There were some chairs in the room.
→ Were there any chairs in the room?
（部屋の中にいすはありましたか。）

「いくつかの」を表す some は否定文・疑問文ではふつう any になる。

単語Check! □

♪日本語の意味を表す英文にしよう。
☆この市には，動物園はありますか。―いいえ，ありません。
→（ Is ）（ there ）a zoo in this city?
―No,（ there ）（ isn't ）.＊there's not でもよい。
☆箱の中に卵はたくさんありましたか。―はい，ありました。
→（ Were ）（ there ）a lot of eggs in the box?
―Yes,（ there ）（ were ）.
☆この村には医師はいますか。―はい，います。
→（ Are ）（ there ）any doctors in this village?
―Yes,（ there ）（ are ）.

「いくつありますか」とたずねる文

◎「いくつ～がありますか」と数をたずねるときは，
　How many ＋名詞の複数形＋are there ～?で表す。

How many ～?の文	How	many	cats	are there in this park?
			名詞の複数形	（この公園にねこは何匹いますか。）
	— There	are	four.	（4匹います。）
		1つなら is	具体的な数	

♪日本語の意味を表す英文にしよう。
☆あなたの市には何人の人がいますか。
→（例）How many people are there in your city?
☆机の上には何冊の本がありますか。
→（例）How many books are there on the desk?
☆あなたのクラブには何人の女の子がいましたか。
―約20人いました。
→（例）How many girls were there in your club?
―（例）There were about twenty (girls).
→About twenty. などでもよい。

チャレンジ 友達に家族が何人いるか英語でたずねてみよう。
→（例）How many people are there in your family?
（あなたは何人家族ですか。）

確認テスト①

1 (1) ウ　(2) ウ　(3) イ　(4) ア

2 (1) this is　(2) I'm from　(3) Are you / I'm　(4) what's this / It's

3 (1) a　(2) an　(3) ×　(4) ×　(5) ×　(6) a

4 (1) Is she your new friend?　(2) I'm not a baseball fan.

　(3) Is that an orange?　(4) He's not in the classroom.

5 (1) She's not[She isn't / She is not] our English teacher.

　(2) That's an old book.　(3) Is your father a doctor?

6 ① It's　② is　③ He's　④ is　⑤ She's

解説 **1**(1) 「これは私の学校です。」主語が This のとき，be 動詞は is を使う。

　(2) 「ホワイトさんはカナダ出身ですか。」主語が Ms. 〜(〜さん)なので be 動詞は is を使う。

　(3) 「こちらは私の姉[妹]です。彼女は英語部の部員です。」She's は She is の短縮形。

　(4) 「A：あれは何ですか。B：それは飛行機です。」疑問文の that は，答えの文では It で受ける。

2(1) This is 〜. は人を紹介(しょうかい)する文でも使う。　(2) 「私は〜の出身です」は I'm from 〜. で表す。

　(3) 「あなたは〜ですか」は Are you〜? の形。　答えの文の主語は I になるので，I am の短縮形を入れる。

　(4) 「何」は what。空所の数から，what is の短縮形の what's を入れる。

3(1) 「これはノートです。」　(2) 「あれは傘(かさ)ではありません。」母音で始まる単語なので an。

　(3) 「これはあなたの自転車ですか。」a, an は「〜の」を表す語といっしょに使えない。

　(4) 「ブラウンさんは親切です。」be 動詞のあとは形容詞だけなので，a は不要。

　(5) 「健，こちらはマイクです。」マイクは人名(固有名詞)なので a は不要。

　(6) 「ベッキーは新入生です。」is のあとが〈形容詞＋名詞の単数形〉なので a を入れる。

4(1) 疑問文なので Is で文を始める。your のあとは〈形容詞＋名詞〉の順。

　(2) not は be 動詞のあとに続ける。I'm は I am の短縮形。　(3)疑問文なので Is で文を始める。

　(4) not のあとに場所を表す語句を続ける。he's は he is の短縮形。

5(1) 「彼女は私たちの英語の教師ではありません。」否定文なので，be 動詞のあとに not を続ける。

　(2) 「あれは古い本です。」old (古い) は a と book の間に入れる。a を an に変えることに注意。

　(3) 「あなたのお父さんは医師ですか。」疑問文なので，Is で文を始める。

6 (日本語訳)　絵美：こんにちは，リサ。これは何？　リサ：ああ，絵美。それは私の家族の写真だよ。こちらは兄のビル。彼は高校生なの。　絵美：そうなんだね。リサ，こちらがあなたのお母さん？　リサ：ええ。彼女は音楽の教師なんだよ。

確認テスト②

42〜43ページ

1 (1) ウ　　(2) ウ　　(3) ア　　(4) イ

2 (1) play the　　(2) Can, sing　　(3) I can　　(4) can't[cannot] speak

3 (1) No, I don't.　　(2) Yes, I do.　　(3) I can play tennis.

4 (1) I listen to music after (school.)　　(2) I don't have a dog.
　　(3) My sister can ride a unicycle.　　(4) What subject do you like?

5 (1) My parents can ski well.　　(2) I don't[do not] cook dinner on Sundays.
　　(3) Can Mr. Smith read this *kanji*?　　(4) What do you want for your birthday?

6 [例] (1) I live in Shizuoka.　　(2) I go to school by bike.
　　(3) I like soccer.　　(4) I can run fast.

解説 **1**(1)　「私はバスケットボールが大好きです。」like 〜 very much で「〜が大好きである」。
　　(2)　「私は朝食にごはんを食べません。」一般動詞の否定文は，動詞の前に don't を入れる。
　　(3)　「あなたは向こうにいる女の子を知っていますか。」一般動詞の疑問文は Do で文を始める。
　　(4)　「いいえ，知りません。」Do 〜? に No で答えているので，don't を選ぶ。
2(1)　「〜を演奏する」は play the 〜。楽器名の前に the を入れることに注意。
　　(2)　「〜できますか」なので，Can で文を始める。
　　(3)　Can 〜? には can を使って答える。　　(4)　can の否定文は動詞の前に can't[cannot] を入れる。
3(1)　「あなたは学校へ歩いて行きますか。」自転車で学校へ行っているので，No で答える。
　　(2)　「あなたは月曜日に学校で英語を勉強しますか。」時間割から，Yes で答える。
　　(3)　「あなたはどんなスポーツができますか。」絵から，「テニスができる」と答える。
4(1)　「音楽を聞く」は listen to music。
　　(2)　否定文なので，have の前に don't を入れる。have は「飼っている」という意味も表す。
　　(3)　「〜できる」の文なので，動詞の前に can を入れる。「一輪車に乗る」は ride a unicycle。
　　(4)　What subject（何の教科）で文を始めて，あとに do you 〜 を続ける。
5(1)　「私の両親は上手にスキーをすることができます。」動詞の前に can を入れる。
　　(2)　「私は日曜日に夕食を作りません。」cook の前に don't を入れる。on Sundays は「日曜日に」。
　　(3)　「スミスさんはこの漢字を読むことができますか。」Can で文を始める。
　　(4)　「新しいコンピューター」が答えの中心になるので，「何がほしいですか」とたずねる文に。
6(2)　「学校へ行く」は go to school。
　　(4)　「〜できる」を表す can を使う。「速く走る」は run fast。

確認テスト③

1 (1) ウ　(2) イ　(3) ア　(4) イ　(5) ウ

2 (1) We are　(2) Are they　(3) don't run　(4) He studies　(5) Can I　(6) Can you

3 (1) goes　(2) has　(3) teaches　(4) dishes　(5) children

4 (1) He watches TV every day.　(2) She doesn't[does not] use the old bike.
(3) Does your mother play the piano?　(4) I want two watches.

5 (1) I don't have any brothers.　(2) Don't open this box.
(3) How many birds do you have?　(4) What sports does he like?

6 [例] (1) Let's go to the park.　(2) Be careful.
(3) Can you help me with my homework?　(4) Can I see your notebook?

解説 **1**(1) 「私の父は土曜日にときどき昼食を作ります。」主語は 3 人称単数。
(2) 「トムと健はバスで学校に来ます。」主語は 3 人称複数。動詞に 3 単現の s は必要ない。
(3) 「私はいくらか水がほしい。」water（水）は数えられない名詞。
(4) 「あなたのお姉さん［妹さん］はニューヨークに住んでいますか。」主語が 3 人称単数なので，疑問文は Does で始める。(5)　Does ～? に「いいえ」と答えているので，doesn't を選ぶ。

2(1) 「私たちは」は we で，be 動詞は are を使う。(2) 「彼らは～にいますか」は Are they ～?。
(3) 「～してはいけません」は don't で文を始めて，あとに動詞の原形を続ける。
(4) 「勉強する」は study。主語が 3 人称単数なので，study は y を i に変えて es をつける。
(5) 「～してもいいですか」と許可を求めるときは Can I ～? で表す。
(6) 「～してくれますか」とお願いするときは Can you ～? で表す。

3(1)　go は最後に es をつける。(2)　have は不規則に変化して has。(3)　teach は最後に es をつける。(4)　複数形にする。dish は最後に es をつける。(5)　child の複数形は不規則に変化する。

4(1) 「彼は毎日テレビを見ます。」動詞を watches に変えることに注意。
(2) 「彼女はその古い自転車を使いません。」否定文は doesn't を動詞の前に入れる。uses を原形にすることに注意。(3) 「あなたのお母さんはピアノをひきますか。」疑問文は Does で文を始める。
(4) 「私は腕時計が 2 つほしい。」watch を複数形 watches に変える。

5(3)　数をたずねるときは How many で文を始めて，あとに名詞の複数形を続ける。

6(1) 「～しましょう」と誘うときは，Let's で文を始め，あとに動詞を続ける。(2) 「気をつけて→注意深くして」と考える。「注意深い」は careful。be 動詞の命令文は Be で文を始める。(3) 「私の宿題を手伝う」は help me with my homework。(4) 「見る」は see を使う。

確認テスト④

82〜83ページ

1 (1) ウ　　(2) ア　　(3) ウ　　(4) ウ　　(5) イ

2 (1) What day　(2) When　(3) Where　(4) Which　(5) How　(6) Who

3 (1) talking　(2) having　(3) swimming　(4) running　(5) us　(6) them

4 (1) Whose notebook is this?　　(2) What's the date today?

(3) What are they making?　　(4) Who teaches math at your school?

5 (1) Ann isn't[is not] helping her mother.　(2) This bike is mine.

(3) What time does Jim get up?

6 (1) It's[It is] under the desk.　(2) It's[It is] three ten.　(3) He's[He is] reading a book.

解説 **1**(1) 「彼は居間でテレビを見ています。」He's は He is の短縮形。現在進行形の文にする。

(2) 「あなたのお母さんは台所で料理をしていますか。」現在進行形の疑問文は be 動詞で文を始める。主語が3人称単数なので，Is を選ぶ。

(3) 「あの少年を見て。あなたは彼を知っていますか。」know の目的語になる him を選ぶ。

(4) 「これはあなたのペンではありません。それは私のです。」所有代名詞の mine を選ぶ。

(5) 「A：このシャツはいくらですか。B：50ドルです。」Bの答えに注目。値段をたずねる文に。

2 Bの答えに注目して，疑問詞を入れる。　(1) 「A：今日は何曜日ですか。B：火曜日です。」

(2) 「A：あなたはいつピアノを練習しますか。B：夕食前です。」(3) 「A：あなたはどこでバスケットボールをしますか。B：体育館です。」(4) 「A：どちらのノートがあなたのですか。B：青いほうです。」(5) 「A：彼らはどのようにして学校へ行きますか。B：バスです。」

(6) 「A：向こうにいるあの女の子はだれですか。B：彼女は健のお姉さん[妹さん]です。」

3(1)〜(4)　動詞の ing 形に。(1) 「由美はホワイト先生と話しています。」

(2) 「私たちはカフェテリアで昼食をとっています。」have は e をとって ing をつける。

(3) 「彼は海で泳いでいます。」swim は m を重ねて ing をつける。

(4) 「彼らは公園で走っています。」run は n を重ねて ing をつける。

(5) 「私たちといっしょに来て。」(6) 「彼らを待ちましょう。」前置詞に続く代名詞は目的格を使う。

4(1)　Whose notebook（だれのノート）で文を始める。　(4)　Who が主語の疑問文にする。

5(1)　現在進行形の否定文は be 動詞のあとに not を入れる。

(2) 「これは私の自転車です。」→「この自転車は私のものです。」という文に変える。

(3) 「7時に」をたずねるので，「ジムは何時に起きますか。」という疑問文にする。

6　質問は(1)「かばんはどこですか。」,(2)「何時ですか。」,(3)「健は何をしていますか。」という意味。

確認テスト⑤

1 (1) ウ　　(2) イ　　(3) イ　　(4) ウ

2 (1) were, ago　　(2) didn't call　　(3) were practicing
(4) Were, listening / was　　(5) Is there / there isn't[there's not]

3 (1) walked　　(2) were　　(3) studying　　(4) saw　　(5) doing

4 (1) He took a lot of pictures (yesterday.)　　(2) Where did you buy that bag?
(3) I was not having lunch (then.)　　(4) Are there any pictures on the wall?

5 (1) I went to bed at ten yesterday.　　(2) Was she reading a book?
(3) He didn't[did not] come back from China last week.
(4) There wasn't[was not] a post office near here.

6 [例] (1) What did you do last Saturday?　　(2) Where were you at nine yesterday?
(3) How many students are there in your class?

解説 **1**(1)　空所の前に be 動詞の過去形の was があるので，過去進行形の文。動詞の ing 形を選ぶ。
(2)(3)　一般動詞の過去の疑問文は，Did 〜? の形。Yes, 〜 did./No, 〜 didn't[did not]. で答える。
(4)　主語は some children で複数。There are 〜. で表す。
2(1)　be 動詞の過去の文。主語が複数なので，were を入れる。「〜前に」は ago。
(2)　「〜しなかった」は didn't を動詞の前に入れる。動詞は原形。「電話をする」は call。
(3)　過去進行形の文。主語は複数なので，be 動詞は were を使う。
(4)　過去進行形の疑問文。be 動詞で文を始め，答えるときも be 動詞を使う。
(5)　「〜がありますか」は Is[Are] there 〜? で表す。答えるときも there を使う。
3(1)　過去の文。walk は規則動詞。(2)　過去の文。主語は複数なので，were に変える。
(3)　過去進行形の文。ing 形に変える。(4)　過去の文。see は不規則動詞で，過去形は saw。
(5)　過去進行形の文。ing 形に変える。
4(1)　「写真をとる」は take a picture。(2)　場所をたずねるときは，Where で文を始める。
(3)　was のあとに not を入れる。(4)　「壁にかかって」は on the wall。
5(1)　過去の文にする。go の過去形は went。(2)　過去進行形の疑問文は be 動詞で文を始める。
(3)　動詞の前に didn't[did not] を入れる。came は原形の come に変える。
(4)　be 動詞 was のあとに not を入れる。
6(1)　What のあとに，did you do 〜? と疑問文の形を続ける。　　(2)　場所をたずねるときは，Where を使う。　　(3)　数をたずねるときは，〈How many ＋名詞の複数形＋are there 〜?〉。